Schloss Wilhelmsburg in Schmalkalden

Amtlicher Führer

2., vollständig überarbeitete Auflage
verfasst von Niels Fleck, Dietger Hagner, Claudia Narr
und Helmut-Eberhard Paulus

STIFTUNG THÜRINGER SCHLÖSSER UND GÄRTEN

Titelbild: Schloss Wilhelmsburg von Westen
Umschlagrückseite: Hessisches Vorgemach, Westwand, Herme mit Rollwerkkostüm

Impressum

Abbildungsnachweis
Constantin Beyer, Weimar: S. 38; Bildarchiv Foto Marburg: S. 77, 83; Hessisches Staatsarchiv Marburg (Best. 300 Karten PII 342/46 Blatt 3 und 4): S. 27, 28, (Karten P II 9108): S. 61, (Karten P II 2510 Blatt 2): S. 63; Museum Schloss Wilhelmsburg, Schmalkalden: S. 9, 13, 25, 53, 55, 56, 57; Stadt- und Kreisarchiv Schmalkalden (Archiv des Vereins für hennebergische Geschichte und Landeskunde, P II Nr. 2): S. 65; Stiftung Thüringer Schlösser und Gärten: S. 34, 35; Stiftung Thüringer Schlösser und Gärten (Foto: Bildarchiv Foto Marburg): S. 11, 68; Stiftung Thüringer Schlösser und Gärten (Foto: Constantin Beyer): Titelbild, S. 15, 16, 17, 18, 19, 21, 23, 31, 32, 33, 37, 40, 42, 45, 46, 47, 48, 49, 50/51, 72, 80, Umschlagrückseite; Stiftung Thüringer Schlösser und Gärten (Foto: Helmut Wiegel): S. 4, 6, 7, 58/59, 66, 75, 76, 78, 96; Stiftung Thüringer Schlösser und Gärten (Foto: Nürnberg Luftbild, Hajo Dietz): S. 8

Gestaltung
Edgar Endl, Deutscher Kunstverlag

Satz
Kasper Zwaaneveld, Deutscher Kunstverlag

Reproduktionen
Birgit Gric, Deutscher Kunstverlag

Druck und Bindung
Grafisches Centrum Cuno, Calbe

Bibliografische Information der Deutschen Nationalbibliothek
Die Deutsche Nationalbibliothek verzeichnet diese Publikation
in der Deutschen Nationalbibliografie; detaillierte bibliografische
Daten sind im Internet über http://dnb.dnb.de abrufbar.

2., vollständig überarbeitete Auflage 2015
Deutscher Kunstverlag GmbH Berlin München
Paul-Lincke-Ufer 34, 10999 Berlin
www.deutscherkunstverlag.de

© 2015 Stiftung Thüringer Schlösser und Gärten, Rudolstadt,
und Deutscher Kunstverlag Berlin München
ISBN 978-3-422-03126-5

Inhaltsverzeichnis

- 5 Vorwort des Herausgebers

- 7 Einführung

- 9 Die Grafen von Henneberg und die Landgrafen von Hessen

- 14 Geschichte und Architektur von Schloss Wilhelmsburg

- 34 Rundgang durch die Räume des Schlosses

- 53 Das Museum Schloss Wilhelmsburg und seine Sammlungen

- 60 Geschichte und Architektur der Gärten von Schloss Wilhelmsburg

- 71 Rundgang durch die Außenanlagen und Gärten

- 81 Kunstgeschichtliche und gartenhistorische Bedeutung von Schloss Wilhelmsburg

- 86 Aufgaben und Ziele in Schloss Wilhelmsburg

- 90 Zeittafel

- 92 Regententafel

- 94 Weiterführende Literatur

Westliche Tordurchfahrt, Hofportal

Vorwort des Herausgebers

Das Schloss Wilhelmsburg in Schmalkalden gelangte mit seinen Außenanlagen und Gärten am 8. September 1994 in das Eigentum der Stiftung Thüringer Schlösser und Gärten. Aufgabe der Stiftung ist es, die kulturhistorisch bedeutsamen Monumente, die Thüringens Landesgeschichte sichtbar symbolisieren, in einem ganzheitlichen Sinne als Kulturgut zu erhalten, zu pflegen, zu erforschen und als Bildungsgut zu vermitteln. Von zentraler Bedeutung ist dabei der Auftrag des lebendigen Tradierens kultureller Werte von Generation zu Generation, auch im Sinne des demokratischen Selbstverständnisses einer Teilhabe an den vom Kulturvolk gemeinsam geschaffenen Werten. Zugleich soll erfahrbar werden, dass auch unser höfisches Erbe in den landesherrschaftlichen Residenzen ein wesentlicher Teil des spezifisch europäischen Kulturerbes ist.

Wie bei Amtlichen Führern üblich, enthält die Publikation neben einem geschichtlichen Abriss eine Bestandsbeschreibung von Schloss und Garten, Rundgänge durch die Räume und Anlagen und eine kunsthistorische Würdigung. Der vorliegende Text stellt eine vollständige Überarbeitung der Vorauflage von 1999 dar und beruht auf der kollektiven Zusammenarbeit der Autoren. Den weitaus größten Teil des Textes übernahm Dr. Niels Fleck. Die Beiträge über die Gärten stammen von Dietger Hagner, die Darstellung des Museums und seiner Sammlungen von Claudia Narr, die Erläuterung der Aufgaben und Ziele von Prof. Dr. Helmut-Eberhard Paulus.

Herzlicher Dank für die Betreuung der Publikation gilt den am Lektorat beteiligten Mitarbeitern der Stiftung Thüringer Schlösser und Gärten unter der Federführung von Dr. Susanne Rott, schließlich den ebenfalls an Gestaltung, Bebilderung und Herstellung Beteiligten, einschließlich des Verlages.

Prof. Dr. Helmut-Eberhard Paulus
Direktor der Stiftung Thüringer Schlösser und Gärten

Einführung

Die im Jahr 874 erstmals urkundliche erwähnte »villa Smalcalta« am Zusammenfluss von Stille und Schmalkalde zählt zu den ältesten Ansiedlungen in Thüringen. Die Lage an den Passstraßen über den Thüringer Wald, die vorhandenen Bodenschätze (Eisen) und der Wasserreichtum machten den Besitz von Schmalkalden begehrenswert und begründeten den relativen Wohlstand des 1272 als Stadt bezeichneten Ortes. Schmalkalden wurde vor allem als Gründungs- und Tagungsstätte des Schmalkaldischen Bundes (1531–1547) über die regionalen Grenzen hinaus bekannt.

Am Westhang des Questenbergs oberhalb der Stadt erhob sich die stark befestigte Burg Wallrab, die als romanische Gründung der ludowingischen Landgrafen von Thüringen wohl auf das 12. Jahrhundert zurückgeht. Seit 1360 von den Grafen von Henneberg und den Landgrafen von Hessen in Doppelherrschaft verwaltet, fiel Schmalkalden nach dem Aussterben der Henneberger 1583 an Hessen-Kassel. Als Zeichen der neuen Machtverhältnisse ließ Landgraf Wilhelm IV. von Hessen-Kassel ab 1585 an der Stelle der vielfach umgebauten und ausgebesserten Burg ein neues Schloss errichten. Der als Vierflügelanlage gebildete und nach dem Bauherrn Wilhelmsburg benannte Prachtbau war mit der Einweihung der Schlosskapelle 1590 bereits weitgehend fertig gestellt. Die weitere Gestaltung der Schlossanlage mit Nebenbauten und Gärten blieb Wilhelms Sohn, Landgraf Moritz, vorbehalten. Moritz ließ zudem bis 1626 die Malereien im Schloss vervollständigen.

Trotz einschneidender Verluste an Bau und Ausstattung im beginnenden 19. Jahrhundert und dank einer langen Reihe denkmalpflegerischer Maßnahmen zählt Schloss Wilhelmsburg mit seinem herausragenden Raumdekor noch heute zu den eindrucksvollsten Renaissanceschlössern in Deutschland. Das Schlossgebäude und die weitgehend erhaltenen Nebenbauten wie Große und Kleine Pfalz, Marstall, Back- und Brauhaus geben einen umfassenden Einblick in die höfische Kultur der Zeit um 1600. Die einst weithin berühmten Schlossgärten mit Terrassenanlage und Wasserspielen wurden im letzten Drittel des 17. Jahrhunderts nochmals aufwendig umgestaltet. Später vernachlässigt und parzelliert, konnten sie jüngst in ihren Grundstrukturen wieder hergestellt werden.

◀ Oberste Gartenterrasse und Südfassade

Schloss Wilhelmsburg, Luftaufnahme von Südosten

Die Wilhelmsburg stellt in mehrfacher Hinsicht eine Besonderheit unter den Schlossbauten in Thüringen dar: Territorialgeschichtlich handelt es sich um eine hessische Nebenresidenz, religionshistorisch um ein bedeutendes Baudenkmal des konfessionellen Zeitalters, architekturgeschichtlich um den in der Renaissance beliebten Kastelltyp, hier in Verbindung mit einer völlig neuartigen und wegweisenden Raumgliederung. Kunsthistorisch herausragend sind zudem die ungewöhnlich vollständig erhaltenen Stuckaturen und Wandmalereien der herrschaftlichen Räume im Erd- und Obergeschoss. Umfang und Qualität des Raumdekors unterstreichen den – trotz dramatischen Machtverlusts im 16. Jahrhundert – ungebrochen hohen Repräsentationsanspruch der hessischen Landgrafen.

Die Grafen von Henneberg und die Landgrafen von Hessen

Als 1247 das Thüringer Landgrafenhaus der Ludowinger im Mannesstamm erloschen war, begann ein zäher Streit um ihr immenses Territorium, das weite Teile von Thüringen und Hessen umfasste. Sophie, die Tochter des Landgrafen Ludwig IV. von Thüringen und der hl. Elisabeth, sicherte die hessischen Gebiete für ihren Sohn Heinrich, der die Landgrafschaft Hessen begründete. Jutta, die Schwester Ludwigs IV., hinterließ ihrem Sohn aus erster Ehe, Markgraf Heinrich III. von Meißen (reg. 1221–1288), die thüringischen Stammlande. Ihr Sohn aus zweiter Ehe, Graf Hermann I. von Henneberg-Coburg (reg. 1245–1290), erhielt als Abfindung seiner Erbansprüche die Herrschaft Schmalkalden mit der bereits bestehenden Burg Wallrab (auch genannt Waltaff, Walluf etc.).

Häufiger Besitzerwechsel durch Landesteilungen, Vermählungen, Erbgänge und käuflichen Erwerb waren in den folgenden Jahrzehnten für die kleine Herrschaft bestimmend. So gelangte die Grafschaft Henneberg-Coburg mitsamt Schmalkalden 1291 an die askanischen Markgrafen von Brandenburg, welche ihr hennebergisches Erbe schrittweise bis 1316 an Berthold VII. von Henneberg-Schleusingen (reg. 1284–1340) verkauften. Berthold förderte den Ausbau Schmalkal-

Karte der Herrschaft Schmalkalden, Kopie nach Joist Moers, 1676

dens nachhaltig. Er war für die Erneuerung der romanischen Burganlage ebenso verantwortlich wie für die Gründung eines Augustinerklosters und eines Hospitals (Oberhospital am Weidebrunner Tor). Ausschlaggebend für die Entwicklung als wichtige Nebenresidenz war insbesondere die von Berthold veranlasste Gründung des Kollegiatstifts St. Egidius und Erhardus, das am stadtseitigen Hang unterhalb der Burg seinen Platz fand.

Mitte des 14. Jahrhunderts kam es wiederum zur Landesteilung in die neuen Linien Henneberg-Coburg und Henneberg-Schleusingen, wobei Schmalkalden an die Coburger Linie fiel. Die neue Linie Henneberg-Schleusingen war am Rückerwerb Schmalkaldens interessiert, brachte aber lediglich die finanziellen Mittel für den halben Anteil auf. Die andere Hälfte konnte aufgrund verwandtschaftlicher Beziehungen Landgraf Heinrich II. von Hessen erwerben. So wurde die Herrschaft Schmalkalden seit 1360 von Henneberg-Schleusingen und Hessen (in der Erbfolge Hessen-Kassel) gemeinsam regiert. Die Burganlage diente beiden Dynastien gleichberechtigt als Nebenresidenz, wobei die »große Kemenate« in zwei Hälften geteilt war. Auch die Stadt war in einen hennebergischen Besitz rund um den Altmarkt und einen hessischen Besitz mit Zentrum am Neumarkt geteilt. An dessen Westseite erinnert noch heute der Hessenhof an die Doppelherrschaft. Mit dem Tod des letzten Henneberger »Fürstgrafen« Georg Ernst am 27. Dezember 1583 fiel aufgrund geschlossener Erbverträge der hennebergische Teil Schmalkaldens an Hessen-Kassel.

Die Landgrafschaft Hessen war im Zuge der Reformation zu einem der führenden Fürstentümer des Reiches aufgestiegen. Landgraf Philipp der Großmütige (reg. 1509–1567) hatte 1525 in Schmalkalden den ersten evangelischen Geistlichen eingesetzt und sich im Jahr darauf auch in seinem hessischen Stammland zur Reformation bekannt. 1531 kam es unter der Führung Hessens und Kursachsens zur Gründung des Schmalkaldischen Bundes, einem Verteidigungsbündnis protestantischer Fürsten und Städte gegen die Religionspolitik Kaiser Karls V. Für die Wahl Schmalkaldens als Tagungsort war wohl nicht allein die Erreichbarkeit und Befestigung der Stadt ausschlaggebend, sondern auch das örtliche Konkurrenzverhältnis mit den vorerst katholisch gebliebenen Hennebergern, deren innerstädtische Position Landgraf Philipp auf diese Weise schwächen wollte. Sieben der insgesamt 26 Bundestagungen fanden in Schmalkalden statt.

Der nach dem Bündnis benannte Schmalkaldische Krieg gegen die kaiserliche Allianz endete 1547 in einer verheerenden Niederlage. Noch einschneidender für die Landgrafschaft war ihre Teilung unter Philipps vier Söhnen im Jahr 1567. Während die neuen Linien Hessen-Marburg und Hessen-Rheinfels jeweils in erster Generation ausstarben, blieben Hessen-Kassel (bis 1866) und Hessen-Darmstadt (bis 1918) als eigene Landgrafschaften bestehen. Sie spielten in der Reichspolitik keine herausragende Rolle, konnten allerdings die guten Beziehungen zu Sachsen und Württemberg aufrechterhalten.

Philipps ältester Sohn, Wilhelm IV., war bereits als Erbprinz seit 1547 phasenweise an der Regierung beteiligt und hatte an der Fürstenrebellion mitgewirkt, die schließlich zur Anerkennung des Protestantismus durch den Kaiser führte (Passauer Vertrag, 1552). Als Begründer der Linie Hessen-Kassel (reg. 1567–1592) konzentrierte sich Landgraf Wilhelm vorwiegend auf die politische und wirtschaftliche Konsolidierung des ihm verbliebenen Landesteils. Seine von Frieden und Humanismus geprägte Regentschaft war durch die Einführung der Primogenitur (Nachfolgerecht des Erstgeborenen) sowie durch kluge Organisation der Verwaltungsstrukturen und der Finanzangelegenheiten gekennzeichnet. Letztere fasste er 1585 in dem Handbuch *Der Ökonomische Staat* zusammen, das den Landgrafen noch im 17. Jahrhundert als Muster für ihre Finanzfragen diente. Auch war er für seine gelehrten Interessen berühmt. Erwähnt seien hier nur die Gründung der Kasseler Bibliothek, die Errichtung einer Sternwarte (der hessische Landgraf war ein bedeutender Astronom) und der Bau eines Gewächshauses, in dem Wilhelm 1568 als erster in Deutschland die Kartoffel versuchsweise anbauen ließ.

Der hessische Anteil an Schmalkalden war bei der Landesteilung 1567 an Hessen-Kassel gefallen. Der endgültige Erwerb dieser hessischen Exklave im Dezember 1583 bedeutete vor allem wegen der Eisengewinnung und -verarbeitung einen erheblichen Gewinn für den Staat Wilhelms IV. Schmalkalden bildete einen wirtschaftlich wie historisch so bedeutenden Teil Hessens, dass die Errichtung einer großzügigen landesherrlichen Nebenresidenz anstelle des baufällig gewordenen Burgareals über der Stadt umgehend in Angriff genommen wurde. Der binnen weniger Jahre realisierte Prachtbau am reformationsgeschichtlich symbolträchtigen Ort sollte die vermeintlich ungebrochen hohe Bedeutung der Landgrafschaft in Geschichte und Gegenwart demonstrieren.

Anonym nach einer Vorlage von Matthäus Merian, Ansicht von Schmalkalden, Ende 18. Jahrhundert

Wilhelms Sohn und Nachfolger, Landgraf Moritz der Gelehrte (reg. 1592–1627), ließ die künstlerische Ausstattung des Schlosses und die Außenanlagen mit Nebenbauten und Gärten vollenden. Landgraf Moritz ist besonders dafür bekannt, dass er sich von der lutherischen Lehre abwandte und ab 1605 in seinem Herrschaftsbereich das reformierte Bekenntnis einführte. Der damit einhergehende Bildersturm in den Kirchen ist auch an der Schlosskapelle der Wilhelmsburg ablesbar. Die zeitweise konfessionelle Spaltung Hessens sollte zu einer gefährlichen Verwicklung in die macht- und religionspolitischen Auseinandersetzungen des Dreißigjährigen Krieges führen, in deren Folge Moritz 1627 zur Abdankung gezwungen war. Schmalkalden war aufgrund der kostspieligen Kasseler Hofhaltung bereits im Vorjahr in die Pfandherrschaft von Hessen-Darmstadt geraten, in der es bis 1646 verblieb.

Eine erneute, vor allem in der Gartengestaltung erkennbare Blüte erlebte Schloss Wilhelmsburg im letzten Drittel des 17. Jahrhunderts als Witwensitz der Landgräfin Hedwig Sophie (reg. 1663–1677) und als Nebenresidenz ihres Sohnes, Landgraf Karl (reg. 1670/77–1730). Nachfolgende Regenten kümmerten sich mit wechselndem Interesse um den Erhalt der Anlage, die bis 1807 der herrschaftliche Mittelpunkt dieser hessischen Enklave in Thüringen blieb.

Geschichte und Architektur von Schloss Wilhelmsburg

Der Schlossbau Wilhelms IV.

Nachdem Landgraf Wilhelm IV. Ende 1583 zum Souverän über ganz Schmalkalden geworden war, fasste er umgehend den Entschluss, als Zeichen der neuen Machtverhältnisse ein von Grund auf neues Schloss zu errichten. Die alte Burg Wallrab war letztmalig zu Bedeutung gekommen, als sich protestantische Fürsten und Gesandte hier für die Tagungen des Schmalkaldischen Bundes aufhielten. Im Übrigen aber war sie zunehmend baufällig geworden, wie dies nicht allein aus zahlreichen Reparaturrechnungen, sondern auch aus dem Umstand hervorgeht, dass Landgraf Wilhelm erst wenige Jahre zuvor, 1580, am Neumarkt ein repräsentatives Fachwerkgebäude als Herrschaftssitz errichtet hatte (Weidebrunner Gasse 12).

Seit Frühjahr 1584 wurden am landgräflichen Hof verschiedene Entwürfe für das neue Schloss in Schmalkalden diskutiert. Den Vorschlägen für einen Geviertbau mit »Vier Thurn daran gelegt seyn« wurde schließlich ein Entwurf »auff die Manier mit dem halben Kreuz« gegenübergestellt. Für das halbe Kreuz, bei dem ein kurzer Bau im rechten Winkel an den Hauptbau angefügt ist, wurden erheblich geringere Baukosten veranschlagt. Landgraf Wilhelm, der offensichtlich den repräsentativen Geviertbau favorisierte, versuchte im Gegenzug dessen Kosten zu senken: Der auf den 9. Januar 1585 datierte »Anschlagk des Baws zu Schmalkalden nach der Rectificirten Visirung, so unser G[nädiger] F[ürst] und Herr Landgraff Wilhelm zu Hessen selbst gerißen« bedeutete eine radikale Reduktion der ursprünglich geplanten Vierflügelanlage. Insbesondere auf die Ecktürme wurde dabei verzichtet.

Bereits im Oktober 1584, noch bevor die Entscheidung zugunsten der Vierflügelanlage gefallen war, hatte der weitgehende Abbruch der alten Burg begonnen. Den Anfang machte der große Bergfried, der im nordwestlichen Eckbereich des heutigen Schlossbaus stand. Auch das ehemalige, 1545 aufgelöste Kollegiatstift unterhalb der Burg sollte schrittweise bis 1587 weichen. Durch Abtragen bzw. Aufschütten von Erdmassen wurde auf dem ehemals steil ansteigenden Berghang ein großes Plateau für den Schlossneubau geschaffen. In den vorbereitenden Planungen vom Januar und Februar 1585 werden drei Bauab-

Blick auf das Schloss von Nordwesten

schnitte benannt: »alter Baw«, »Küchen Bau« und »neuer Bau«. Der »Küchen Bau« dürfte mit den Wirtschaftsräumen im östlichen und südlichen Bereich der realisierten Vierflügelanlage in Verbindung zu bringen sein. Mit dem »neuen Bau« ist der Nordflügel mit seinem durchgehenden Kellergewölbe angesprochen. Als »alter Baw« wurden wohl der Westflügel und die Schlosskapelle im Südwesten bezeichnet, die zum Teil auf beibehaltenem Mauerwerk des Vorgängerbaus gründen.

Am 9. März (nach anderer Quellenangabe am 4. Mai) 1585 legte Landgraf Wilhelm im Bereich des Nordflügels den Grundstein zum Schlossneubau. Die örtliche Bauleitung mit gewisser architektonischer Eigenkompetenz war dem »Hofschreiner und Baumeister« Christoph Müller und dessen Sohn Hans übertragen worden. Durch Wiederverwendung der Werksteine, die bei den parallel laufenden Abbrucharbeiten anfielen, war ein so rascher Baufortschritt möglich, dass der Landgraf bereits am 15. Oktober 1585 Anweisung geben konnte, vorrangig die Pflasterung mit Steinplatten in Hofstube und Küche

Hofansicht mit Blick auf den Westflügel

vorzunehmen. Auch solle der Bildhauer »die vier Portal« nach den Entwürfen des Baumeisters Hans Müller fertigen. Hierbei dürfte es sich um die Portale der Tordurchfahrten in Ost- und Westflügel handeln. Ende 1585 waren der Nord- und der Westflügel, 1586 auch die übrigen Flügel im Rohbau großenteils fertig gestellt.

Seit Spätherbst 1585 war die Innendekoration in Arbeit. So berichtet der Schmalkaldener Bauschreiber dem Landgrafen in einem Brief vom 23. November 1585: »Was auch die Mahler anlangt, seindt sie in flüssiger Arbeidt. Meister Caspar hatt die Decken im Essahl vor. Und Meister Jörge die Decke in e[uer] f[ürstlich] g[naden] Gemach«. Der Niederländer Caspar van der Borcht führte außer der Decke im Tafelzimmer auch Bildnistafeln für das Speisezimmer und das landgräfliche Eckgemach aus. Der Flame Georg Cornet (»Meister Jörge«) schuf indes den überwiegenden Anteil der bis 1591 entstandenen Wandmalereien im Schloss. Ein 1587 datiertes »Verzeichnis der Mahlerey so Meister Georg der Mahler alhier zu Schmalkalden in der Wilhelmsburgk verfertigtt, und noch verfertigen soll«, nennt Tür- und Fensterrahmungen, Deckenmalereien, Möbelfassungen usw. im landgräflichen Eckgemach, im Hessischen, Württembergischen und

Hofansicht mit Blick auf den Ostflügel

Sächsischen Gemach sowie im Tafelzimmer. Für diese Arbeiten sollte Cornet insgesamt 218 Gulden erhalten. Darüber hinaus sind noch weitere Malereien im Schloss für ihn belegt. Mit Jost vom Hoff, der 1588 die Kassettendecke im Festsaal dekorierte und für seine Tätigkeit insgesamt 195 Gulden erhielt, war noch ein dritter Maler an der originären Ausstattung der Schlossräume beteiligt.

Das bei den Bauakten im Staatsarchiv Marburg erhaltene »Tapetzerey Büchlein Anno 1587« legt fest, welche Tapeten und Gobelins zur Ausstattung der herrschaftlichen Räume angefertigt werden sollten. Dies lässt darauf schließen, dass das Ausstattungskonzept zu diesem Zeitpunkt bereits vollständig vorlag. Jahreszahlen in Portalen und Türrahmungen künden von der Entstehung der einzelnen Bauteile und Raumkunstwerke und ergänzen zum Teil die archivalischen Befunde. So sollen etwa die Tür- und Fensterrahmungen im landgräflichen Eckgemach erst 1589, also gut vier Jahre später als die dortigen Kassettendecken, entstanden sein.

Weitaus am kostspieligsten war die Ausstattung der Schlosskapelle. Nachdem der Landgraf Ende Juni 1586 in Begleitung seines Sohnes Moritz, seines Bruders Ludwig »und zahlreicher anderer Fürstlich-

Festsaal, Blick nach Osten

keiten« in Schmalkalden erschienen war, um den Baufortgang zu besichtigen, beauftragte er am 15. Juli seinen Hofbildhauer Wilhelm Vernuken, die »Gallerey Inn die Schloss Cappell der Wilhelmsburgk uber Schmalkalden Zuhawen, unndt mitt ihrem Zierath Auffs fleissigste [...] vermöge der Abriß undt Abrede« zu fertigen. Vernuken wurden 1000 Gulden Lohn und das nötige Baumaterial zugesichert. Kanzel und Altar sollte er gesondert in Rechnung stellen. Im Dezember 1586 erhielt der Göttinger Orgelbauer Daniel Mayer den Auftrag zum Bau der hölzernen Orgel, die 1589 eingebaut wurde. Die laut Inschrift am Kapellengewölbe 1588 fertig gestellten Stuckaturen wurden von Georg Cornet bis April 1590 farbig gefasst und vergoldet. An den Stuckaturen in der Schlosskapelle und weiteren Schlossräumen war neben Vernuken auch Hans Becker beteiligt, dessen Schüler später an der Ausstattung dänischer Königsschlösser mitwirken sollten.

Mit der feierlichen Einweihung der Schlosskapelle am Himmelfahrtstag, dem 23. Mai 1590, waren die Bau- und Ausstattungsmaßnahmen unter Wilhelm IV. weitgehend abgeschlossen. Dem Bauherrn, der die mittelalterliche Burg binnen kürzester Zeit gegen ein modernes Schloss ausgewechselt hatte, waren selbst nur wenige Aufenthalte in seiner neuen Nebenresidenz vergönnt. Am 24. Juni 1592 beging er hier bei schwacher Gesundheit seinen sechzigsten Geburtstag, zwei Monate später starb er.

◀ Schlosskapelle, Blick nach Westen

Nach der Quellenlage ist von einem gewichtigen konzeptionellen Eigenanteil des Bauherrn an Architektur und Ausstattung der Wilhelmsburg auszugehen. So wurde nicht allein der endgültige Entwurf, wie schon zitiert, von ihm »selbst gerissen«, sondern Wilhelm IV. nahm mit zahlreichen detaillierten Anordnungen letztlich auch die Gesamtleitung des Schmalkaldener Schlossbaus wahr. Der architektonisch umfassend gebildete Landgraf hatte schon während der Regierung seines Vaters die baulichen Projekte des Landes wesentlich mitbestimmt. Um- und Anbauten hatten Wilhelms Bautätigkeit in den Schlössern von Kassel, Melsungen, Spangenberg und Eschwege geprägt. Wesentliche Neubauten waren der Renthof, das Zeughaus und der Marstall in Kassel, vor allem aber das 1571 begonnene Schloss in Rotenburg an der Fulda. Als bauschaffender Fürst befand Landgraf Wilhelm sich in guter aristokratischer Tradition. Ein hoher Eigenanteil an den baukünstlerischen Projekten wurde als Teil der »repraesentatio majestatis« begriffen und sollte die Gelehrtheit des jeweiligen Bauherrn widerspiegeln. Zwar ließ Wilhelm IV. sich seit den 1570er Jahren bei seinen Bauprojekten von dem kursächsischen und späteren kurbrandenburgischen Festungsbaumeister Rochus Graf zu Lynar beraten, der auch an der Ausbildung des späteren Kasseler Hofbaumeisters Hans Müller mitwirkte. Eine konkrete Beteiligung des Grafen zu Lynar an den Planungen von Schloss Wilhelmsburg lässt sich allerdings nicht nachweisen.

Ein entscheidender Anteil insbesondere an der Innenarchitektur und Ausstattung kommt wohl auch dem Kasseler Hofbildhauer Wilhelm Vernuken zu. Der in Kalkar am Niederrhein geborene Künstler hatte ab 1559 an der Ausstattung von Schloss Horst in Westfalen mitgewirkt und war für den Bau der 1573 vollendeten Vorhalle des Kölner Rathauses zuständig. In seiner 1577 aufgesetzten Bestallungsurkunde als Kasseler Hofbildhauer wird spezifiziert, dass er sich zu allem, »dazu er dienlich und geschickt, es sei mit Bauen anzugeben, abzureißen, Visierungen zu stellen, Bildhauen, Gips auszuschneiden, Estrich zu schlagen, im Tiraß zu arbeiten, und was der Dinge mehr sein, gebrauchen« lasse. Die in der Forschung zumeist vermutete Rolle Vernukens als entwerfender Architekt und künstlerischer Intendant am Kasseler Hof wird in jüngerer Zeit angezweifelt; gleichwohl dürfte sein Anteil am Schmalkaldener Schlossbau über die archivalisch gesicherten Arbeiten an der Kapelle und auch über die bildhauerischen Arbeiten am und im Gebäude hinausgehen. Dies lässt die zi-

Wilhelmsgemach, Empfangszimmer, Blick nach Nordosten

tierte Bestallungsurkunde ebenso annehmen wie der Umstand, dass Vernuken als einziger an der Wilhelmsburg beteiligter Künstler eine Signatur hinterließ, dies noch dazu an prominenter Stelle auf dem gusseisernen Ofen im Empfangszimmer des Landgrafen.

Die Vollendung der Anlage unter Landgraf Moritz und ihr weiteres Schicksal

Zu einer regen Nutzung der Nebenresidenz kam es erst unter Wilhelms Sohn und Nachfolger Landgraf Moritz. Die 1597 auf der Wilhelmsburg gefeierte Hochzeit seiner Schwester Hedwig mit dem Grafen Ernst zu Holstein-Schaumburg wurde mit Ringelrennen und Vogelschießen, Schauspiel, Musik und Maskeraden zu einem Glanzpunkt höfischer Kultur. Außerdem fand ein großes Armbrustschießen statt, wie mehrfach auch in den folgenden Jahren.

Die beim Tod Wilhelms IV. unvollendeten Dekorationsarbeiten im Dachgeschoss zogen sich zunächst bis 1598 hin. Erst in der Folge richtete Moritz sein bauliches Interesse auf die Wilhelmsburg, die er nun nach seinen Vorstellungen vollendete. Ab 1602 ließ er an der Südseite des Schlosses den terrassierten »Lust-, Kräuter-, Küch- und Baumgarten« anlegen. Parallel dazu erfolgten der Bau der Kanzlei und des Torwächterhauses (1604), die Errichtung der Großen und Kleinen Pfalz (um 1610) sowie des Marstalls (1618). Zwischenzeitlich waren bereits Reparaturen am Schloss notwendig, außerdem wurden die Malereien ausgebessert und ergänzt. In den 1620er Jahren folgte ein offensichtlich umfangreicher Auftrag an den aus Antwerpen stammenden Hofmaler Peter Lenhardt: 1626 erhielt er 165 Gulden für nicht näher benannte »Mahlerey Arbeit im Schloß« – ein beträchtliches Honorar, das Neubemalungen annehmen lässt und möglicherweise mit dem Festsaal in Verbindung zu bringen ist. Dieser musste zur selben Zeit wegen eindringender Feuchtigkeit aufwendig renoviert werden.

Während des Dreißigjährigen Krieges wurde das Schloss, obwohl in keiner Hinsicht als Wehranlage gedacht, zum Militärquartier umfunktioniert. Die damals in den Mauern angelegten Schießscharten und Wehrgänge sowie die im Schlossgarten errichteten Palisaden wurden nach Kriegsende wieder beseitigt. Nachhaltige Verluste infolge von Plünderung waren beim Mobiliar zu verzeichnen.

Landgräfin Hedwig Sophie, die Gemahlin von Wilhelm VI. und Schwester des Großen Kurfürsten Friedrich Wilhelm von Brandenburg, ließ ab 1670 ihren Witwensitz auf Schloss Wilhelmsburg einrichten, den sie in ihren letzten Lebensjahren, 1680 bis 1683, auch bezog. Während das Schloss parallel weiterhin als landgräfliche Nebenresidenz ihres Sohnes Karl diente, richtete sie sich das Brandenburgische und Pfälzische Gemach im Südflügel wohnlich her. Eingriffe in Bau und Ausstattung der Vierflügelanlage unter Hedwig Sophie und Karl scheinen sich in Grenzen gehalten zu haben und zeugen insgesamt von einem bemerkenswert respektvollen Umgang mit dem vorgefundenen Bestand. Offensichtlich wurde das Renaissanceschloss frühzeitig als kunst- und kulturgeschichtlich wertvolles Denkmal der eigenen Dynastie geschätzt. Als Reverenz an den Bauherrn ist es etwa zu verstehen, dass eine 1681 datierte, barocke Türrahmung im Pfälzischen Vorgemach in ihrer Gesamtanlage am bauzeitlichen Dekorationssystem der Renaissance orientiert ist. Zudem kam es im Verlauf des 17. und 18. Jahrhunderts immer wieder zu Auffrischungen zwischenzeitlich verblasster Malereien.

In dem Maße, in dem Landgraf Karl und seine Nachfolger im 18. Jahrhundert die Residenzstadt Kassel prachtvoll ausbauten, schwand ihr Interesse am Schloss in Schmalkalden. So wurden zwar 1731 noch einmal 20 Gulden »für Mahlerarbeit aufm Schloß« investiert, indes zog sich die Wiederherstellung einiger 1739 durch Hagel zerstörter Fenster über mehr als sechs Jahre hin. Zur selben Zeit wird in den Bauakten der ungepflegte Zustand der Schlossgärten beklagt. Erst unter der Regentschaft Friedrichs II. (reg. 1760–1785) und Wilhelms IX. (reg. 1785–1821) kam es zu umfangreichen Instandsetzungsarbeiten, darunter dem Einbau neuer Fenster. Eine bemerkenswerte Maßnahme stellt die konservierende Restaurierung des Wilhelmsgemachs im Jahr 1769 dar. Sie steht in engem Zusammenhang mit den denkmalpflegerischen Schutzbestimmungen (»Verordnung, die im Lande befindlichen Monumente und Altertümer betreffend«), die Landgraf Friedrich II. als erster deutscher Territorialfürst 1779 erlassen hatte.

Wilhelmsgemach, Vorzimmer, Kartusche mit Restaurierungsinschrift »Salomon Christoph Luther Anno 1769«

Einen dramatischen Einbruch in der Geschichte der Wilhelmsburg bedeutete die französische Besatzung Hessens am Beginn des 19. Jahrhunderts. Unter der Herrschaft des neuen Königs von Westfalen, Jérôme Bonaparte, in den Jahren 1807 bis 1813 wurde ein Teil des Mobiliars veräußert und das Schloss zum Kauf angeboten. In den Befreiungskriegen 1813 bis 1815 diente es als Kriegslazarett. Dadurch stark vernachlässigt, wurde die Wilhelmsburg von den inzwischen zu Kurfürsten erhobenen Landgrafen nicht wieder als Residenz genutzt und zunächst sogar der Verwahrlosung preisgegeben. Das nur noch in Restbeständen vorhandene Inventar wurde zum Teil wegen Seuchengefahr verbrannt, zum Teil versteigert. Auch kam es zum Diebstahl von Öfen, Türen und Fenstern. 1820 wurde im Schlossgebäude ein Behördensitz eingerichtet. Nach Plänen, die bereits seit den 1780er Jahren vorlagen, fand das schadhaft gewordene Dachgeschoss nun eine grundlegende Veränderung. Die historische Silhouette des Schlosses ebenso wie die herrschaftlichen Raumstrukturen im Dachgeschoss gingen dabei verloren.

Nachdem um die Mitte des 19. Jahrhunderts das Interesse an der Kunst der Renaissance wiedererwacht war, wurde seit den 1870er Jahren auch die Wilhelmsburg als Kunstdenkmal von höchstem Rang entdeckt. Auf Anregung des Kunsthistorikers Wilhelm Lübke führte der Student und spätere preußische Landbauinspektor Friedrich Laske ab 1877 eine umfassende denkmalpflegerische Bestandsaufnahme durch. Pflege und Instandsetzung der zum Teil ruinösen Schlossräume wurden maßgeblich durch den Verein für Hennebergische Geschichte und Landeskunde eingeleitet, der seit 1878 seine Sammlungen im Schloss präsentierte. Pläne zur Umwandlung des Schlosses in ein Landratsamt (1912) bzw. in ein Kriegsinvalidenheim (1916) konnten durch öffentliche Proteste verhindert werden. 1927 setzte die Restaurierung und Teilrekonstruktion der Wandmalereien ein. Zahlreiche denkmalpflegerische Einzelmaßnahmen mündeten 1963 in ein Programm zur kontinuierlichen Instandsetzung. Seit 1994 steht die Liegenschaft in der Obhut der Stiftung Thüringer Schlösser und Gärten. Schloss Wilhelmsburg hat heute in weiten Teilen sein ursprüngliches Erscheinungsbild zurückgewonnen. Zugleich spiegelt es die Entwicklung denkmalpflegerischer Auffassungen im 20. und 21. Jahrhundert wider.

Die Schlossarchitektur

Die Wilhelmsburg ist eine regelmäßige Vierflügelanlage mit einem im Südwesten vorgesetzten Glockenturm, vier Treppentürmen in den Ecken des Hofes und zwei Tordurchfahrten nach Ost und West. Der Westflügel nimmt nur die Hälfte der Tiefe der anderen Flügel ein. Dementsprechend ist der Innenhof mit 32 × 30 Meter annähernd quadratisch, während die äußere Kubatur mit rund 61 × 51 Meter ein Längsrechteck bildet. Wie der Schlosshof, so ist auch die Innenarchitektur im Grundriss vom Modul des Quadrats geprägt. Sämtliche Räumlichkeiten sind im Raster mit einem Grundmaß von 6,5 Metern angelegt. Das Schloss ist im Wesentlichen zweigeschossig, teilweise enthalten die Flügel allerdings ein Zwischengeschoss. Ehemals war auch das Dachgeschoss voll ausgebaut. Die Kapelle im Südflügel ragt aus der Flucht der Südansicht leicht hervor, ist durch den westlich vorgesetzten Glockenturm gekennzeichnet und hebt sich zudem durch unterschiedliche Geschosseinteilung deutlich von den anderen Fassadenansichten ab.

Friedrich Laske, Rekonstruktionszeichnung von Schloss Wilhelmsburg, 1878

Die Dimension der Schlossanlage korrespondiert in Teilen gezielt mit dem Vorgängerbau. So enthalten die massiv gebildeten unteren Geschosse des Glockenturms romanisches Mauerwerk. Gleiches gilt in Teilen für das Kellergewölbe unter der Schlosskapelle und für den südlichen Westflügelbereich. Zudem ist die Hauptachse der Wilhelmsburg mit den beiden Tordurchfahrten auf den mittelalterlichen »Kristallturm« an der östlichen Zwingermauer bezogen. Zwei Türme der ehemaligen Burganlage gaben damit Ausdehnung und Ausrichtung des Schlossneubaus vor. Sie sind – trotz einheitlicher Farbfassung aller Fassaden – deutlich als ältere Überreste erkennbar. Gemeinsam mit den aus der ehemaligen Stiftskirche in den Kapellenturm übernommenen drei Glocken künden sie von Alter und Kontinuität des Herrschaftsstandorts.

Der Westflügel wird in den bauzeitlichen Quellen als »Torhausbau« bezeichnet. Durch seine Ausrichtung auf die Stadt sowie auf den Exerzierplatz ist er als Eingangsbau und Hauptschauseite hervorgehoben. Eine zweite Schauseite bildet der Südflügel mit vorgelagertem Terrassengarten. Nord- und Ostfassade weisen dagegen bis zur Dachzone reichende Aborterker auf. Sämtliche Fassaden werden durch Eckquaderung, weitgehend symmetrisch verteilte Fenster und das zum Dach hin abschließende Sandsteingesims bestimmt. Die aufgefundene alte Farbfassung mit weißen Putzflächen und rot hervorgehobenen

Eckquadern, Fenstergewänden, Portalen und sonstigen Schmuckteilen entspricht den hessischen Landesfarben. Außenseiten und Hofansichten der Flügel unterscheiden sich kaum voneinander. Lediglich die Tore sind hofseitig reicher gestaltet als auf der Außenseite.

Die repräsentative Wirkung des Gesamtbaus beruhte ursprünglich auf hohen, kunstvoll geschmückten Zwerchhäusern, die der Belichtung des voll ausgebauten Dachgeschosses dienten. Die Rekonstruktionszeichnung von Friedrich Laske, die sich an das zeitlich und künstlerisch verwandte Marstallgebäude in Kassel anlehnt, vermittelt eine ungefähre Vorstellung von der architektonischen Wirkung. Reiches Roll- und Beschlagwerk, Löwen und wappenhaltende Figuren aus Sandstein belebten die Giebelschrägen. Allerdings dürften sich zwischen den großen Zwerchhäusern zusätzlich kleinere befunden haben, denn im Kostenvoranschlag von 1585 waren »10 Große Giebel, 2 Mittel Giebel, 3 Kleine Giebel« vorgesehen. Auch die älteste bekannte Grundrissserie von Schloss Wilhelmsburg aus dem Jahr 1790, die den mehr oder minder ursprünglichen Zustand der Dachgeschosseinteilung überliefert, lässt auf eine größere Zahl nicht näher bestimmbarer »Giebel« schließen.

Bei der Sanierung von 1820 bis 1823 wurden die angefaulten Füße der Dachsparren abgesägt, das gesamte Dach flacher gelegt sowie die Zwerchhäuser großenteils abgerissen. Nur die Zwerchhäuser in der jeweiligen Flügelmitte sind in reduzierter, klassizistisch vereinfachter Form erhalten. Die Treppentürme im Hof wurden beim Umbau mit flachen Pyramidendächern anstelle der einstigen welschen Hauben versehen. Lediglich der Glockenturm mit laternenbekrönter Tambourkuppel erinnert noch an die vormals reiche Gliederung der Dachzone.

Die räumliche Gliederung des Schlosses

Wie bei mehrflügeligen Renaissanceschlössern üblich, verfügt Schloss Wilhelmsburg nicht über einen zentralen Eingangsbereich, sondern vom Innenhof führen mehrere gleichwertig gestaltete Zugänge in das Innere. Die Hofstube im Nordflügel sowie die Kapelle und ein zum Wirtschaftsbereich gehöriger Raum im Südflügel haben eigene Eingänge. Alle weiteren Räume in Erd-, Zwischen-, Ober- und Dachgeschoss sind über die polygonalen Treppentürme in den vier Hofecken erreichbar. Die in den ersten Planungen vorgesehene Diffe-

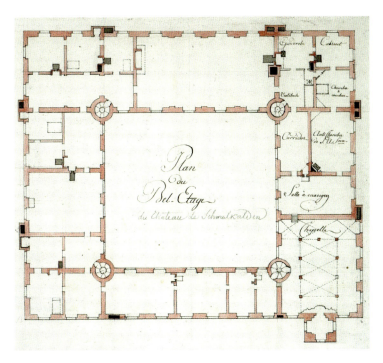

Grundriss, erstes Obergeschoss, 1790 (Ostseite oben)

renzierung in »2 Große« und »2 Kleine Schnecken« wurde zugunsten einer einheitlichen Gestaltung der Wendeltreppentürme aufgegeben.

Die herrschaftlichen Wohn- und Repräsentationsräume liegen überwiegend im Obergeschoss, doch befindet sich das anfänglich bedeutendste Gemach, nämlich das des Bauherrn Wilhelm IV., im Erdgeschoss, wo es eine funktionale Einheit mit der östlich angrenzenden Hofstube bildet und zudem einen direkten Zugang zur Badestube hat. War die herrschaftliche Sphäre in Renaissanceschlössern gemeinhin dem Obergeschoss vorbehalten, so scheint Wilhelm IV. sich seinerseits an dem kurz zuvor, 1568 bis 1573 entstandenen kursächsischen Schloss Augustusburg bei Chemnitz orientiert zu haben, das ebenfalls herrschaftliche Gemächer im Erdgeschoss aufweist.

Außer der Badestube, dem landgräflichen Eckgemach und der Hofstube enthält das Erdgeschoss im Uhrzeigersinn den Wirtschafts-

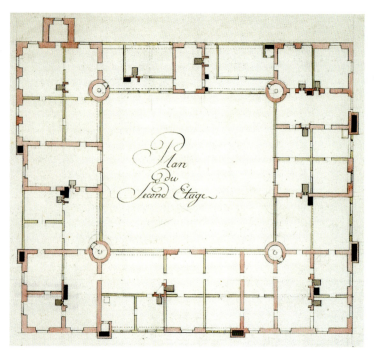

Grundriss, zweites Obergeschoss (Dachgeschoss), 1790 (Westseite oben)

bereich mit ehemals drei Küchen für die verschiedenen Gruppen des Hofstaats (»Cavalierskühe«, »Herrnküche«, »Burggrafenküche«), ferner die geschossübergreifende Kapelle sowie die Wachstube. Während die Haupträume die volle Geschosshöhe einnehmen, liegt über den untergeordneten Räumen ein niedriges Zwischengeschoss mit Wohnräumen für den Burggrafen, die Wachen und sonstige Bedienstete. Einzelne Wirtschaftsbauten wie Brau- und Schlachthaus, Backhaus, Meierei und Stallungen lagen außerhalb des Schlossgebäudes.

Die herrschaftlichen Räume im Obergeschoss teilen sich in Gemächer und Säle. Der in Schloss Wilhelmsburg realisierte Gemach-Typus entspricht in seiner Mehrteiligkeit dem Standard des mitteleuropäischen Schlossbaus im 16. Jahrhundert. Das Gemach bildet das deutsche Pendant zum französischen Appartement der gleichen Epoche. Es bestand in der Regel aus einem Vorzimmer (Vorgemach oder

Vorsaal) für die höfische Aufwartung, einem beheizbaren Zimmer (Stube) als Wohnaufenthalt sowie einem unbeheizten Nebenzimmer (Kammer) als Schlafraum, letzteres nach Möglichkeit mit einem Abort versehen. In Schmalkalden sind die Gemächer jeweils quadratisch strukturiert und vornehmlich den Eckbereichen zugewiesen, so dass die jeweilige Stube Fenster nach zwei Himmelsrichtungen hat. Unmittelbar über dem Eckgemach des Landgrafen befindet sich das der Landgräfin, das als »Hessisches Gemach« in den Landesfarben rot und weiß gehalten ist. Auch die übrigen Gemächer sind nach Fürstenhäusern benannt und wurden in der wandfesten und mobilen Ausstattung mit den jeweiligen heraldischen Farben gestaltet. Die Widmung als Württembergisches, Sächsisches, Pfälzisches oder Brandenburgisches Gemach sollte nicht zuletzt den Rang der Landgrafen unterstreichen, wenngleich dieser im geteilten Hessen faktisch kaum noch seiner früheren Bedeutung entsprach.

An Sälen sind das Tafelzimmer (»Herrn Eßsaal«) im Nordflügel, der Festsaal im Ostflügel und der zur Kapelle gehörige Weiße Saal im Südflügel erhalten. Zwei weitere, den Westflügel einnehmende Säle wurden bald nach ihrer Entstehung umfunktioniert. Alle Säle haben Fenster zum Hof wie auch zur Außenanlage.

Die Erschließung der Räume im Obergeschoss erfolgt in Schmalkalden bemerkenswerterweise nicht über einen hofseitig vorgesetzten Laubengang. Man gelangt vielmehr von den Treppentürmen über die – gelegentlich doppelten – Vorzimmer der Gemächer in die Stuben und Säle. Die Eckgemächer bilden dabei die Gelenkstellen einer ursprünglich vollständigen Runderschließung der Obergeschosse. Der Schmalkaldener Grundriss bedeutete eine architekturgeschichtliche Neuerung und kann als Vorläufer des »appartement double« angesehen werden.

Im vollausgebauten Dachgeschoss waren nochmals acht repräsentativ gestaltete Gemächer eingerichtet, die allerdings beim Umbau von 1820 aufgegeben wurden. Der bereits erwähnte Grundriss von 1790 überliefert die mehr oder minder ursprüngliche, heute nicht mehr erkennbare Raumeinteilung des Dachgeschosses. Neben Resten von Stuckaturen und Wandmalereien hat sich hier allein das Weiße Zimmer erhalten, das unmittelbar über dem Weißen Saal liegt und wie dieser aufwendig stuckiert ist.

Insgesamt ist für den Grundriss von Schloss Wilhelmsburg ein vielteiliges horizontales und vertikales Bezugssystem kennzeichnend.

Neben Weißem Saal und Weißem Zimmer ist etwa das Tafelzimmer zu nennen, das als herrschaftlicher Speisesaal über der Hofstube (als allgemeiner Speisesaal) angeordnet ist. Die übereinander liegenden Eckgemächer des Landgrafen und der Landgräfin heben sich an der Westfassade von dem mit Zwischengeschoss versehenen mittleren Flügelbereich ab. Den landesherrlichen Gemächern im Nordwesten war die Schlosskapelle im Südwesten als das religiöse Fundament weltlicher Macht gegenübergestellt.

Diese ursprüngliche Raumanordnung erfährt im heutigen Bestand einen spürbaren Bruch im Bereich des Westflügels. Befanden sich hier zunächst zwei annähernd gleich große, jeweils mit einem Kamin ausgestattete Säle und ein südlich angrenzender Vorraum, so hatte man nachträglich den südlichen Saal durch eine Trennwand unterteilt. In den nun vier aufeinander folgenden Räumen wurde ein Gemach für den Landgrafen mit privilegiertem Stadt- und Hofblick eingerichtet. Die dabei entstandene Raumfolge mit annähernd in einer Flucht liegenden Zugängen lässt bereits den barocken Typus der Enfilade anklingen. Dies und die zum Teil stilistisch unterschiedlichen Wandmalereien wurden in der jüngeren Forschung dahingehend interpretiert, dass der gesamte Eingriff erst unter Landgraf Moritz um 1619 erfolgt sei. Tatsächlich geht die Veränderung des Raumgefüges aber bereits auf Wilhelm IV. zurück. Davon zeugt nicht nur die in besagter Trennwand gegebene Datierung »1590«, sondern auch die archivalische Nachricht vom 21. April 1590, dass der Maler Georg Cornet, der gerade mit der Farbfassung der Schlosskapelle fertig geworden war, dem Landgrafen versprach, »gleich morgen« in dessen Schlafkammer im Westflügel (»Torhausbau«) sein Werk fortzusetzen. Offensichtlich nahm der Bauherr in Kauf, dass mit dem neuen Gemach »gefangene« Räume entstanden und somit die von ihm selbst geprägte Ringerschließung gestört wurde. Insgesamt bedeutete die Verlegung der landgräflichen Wohnstätte zudem eine Aufwertung des Obergeschosses, während das ebenerdige Eckgemach laut Inventar von 1626 nurmehr als landgräfliches »Sommergemach« diente.

Die künstlerische Ausstattung

Schloss Wilhelmsburg zeichnet sich durch einen überaus reichen, zum Großteil erhaltenen Innenraumdekor aus, der weitgehend auf den Bauherrn Wilhelm IV. zurückgeht. Umfang, Konzeption und

künstlerische Qualität der wandfesten Ausstattung unterstreichen eindrucksvoll die Bedeutung der Nebenresidenz Schmalkalden für die Repräsentation des Landgrafen von Hessen-Kassel. Prachtvolle Wandmalereien – zumeist als Tür- oder Fensterrahmung – schmücken fast sämtliche herrschaftlichen Räume und reichen vom Ornamentrahmen bis zu großen figürlichen Darstellungen. Einzelne Zimmer und Säle sind zudem durch bemalte Kassettendecken ausgezeichnet. Im Bereich der Schlosskapelle wurde als gezielte Repräsentationssteigerung farbig gefasster Stuckdekor eingesetzt. Rollwerk- und Beschlagwerkformen in Verbindung mit Groteskendekor bestimmen die Ausstattung und gehen teilweise detailgetreu, teilweise in vielfältigen Variationen auf Ornamentstichvorlagen der niederländischen Künstler Cornelis Floris (1514–1575) und Hans Vredemann de Vries (1527–um 1604) zurück. Archivalisch belegte, jedoch nicht spezifizierte Malereien unter Landgraf Moritz dürften Ergänzungen im nachträglich entstandenen Landgrafengemach und die Renovierung der Kassettendecke im Festsaal einschließen, lassen sich darüber hinaus aber aufgrund der stilistischen Einheitlichkeit der Wandmalereien nicht eindeutig zuordnen.

Wilhelmsgemach, Empfangszimmer, Detail der Kassettendecke

Die Illusion wertvoller Materialien wie Marmor, Gold und Edelsteine spielt eine entscheidende Rolle sowohl bei den farbig gefassten Stuckaturen als auch bei den ›al secco‹ in Temperafarben ausgeführten Wandmalereien. Im gesamten Obergeschoss und im Wilhelmsgemach wird dies unterstützt durch einen aufwendigen Gipsputz, dessen extrem geglättete, transparent erscheinende Oberfläche zur Veredelung der Räume beiträgt, vergleichbar etwa mit Stuckmarmor. In den Gemächern im Dachgeschoss entschied man sich dagegen für einen weniger aufwendigen Kalkputz. Die nach dem Umbau von 1820 dort nur noch in Resten erhaltenen Malereien sind gleichwohl besonders wertvoll. Von Überfassungen und Restaurierungen des 17. bis 20. Jahrhunderts weitgehend unberührt, vermitteln sie einen sehr genauen Eindruck von der hohen künstlerischen Qualität und der ursprünglichen Farbgebung. Die Raumfassungen im Erd- und Hauptgeschoss sind dagegen stets vor dem Hintergrund ihrer Restaurierungsgeschichte zu beurteilen.

Das Bildprogramm von Schloss Wilhelmsburg entspricht mit mehreren allegorischen Tugendzyklen, zu denen auch biblische und mythologische Darstellungen gehören, grundsätzlich dem Abbildungskanon des späten 16. Jahrhunderts. Es lässt sich allgemein als Anspielung auf eine gute Herrschaft werten und diente nicht zuletzt als Ausweis geistvoller Bildung am landgräflichen Hof. Dabei überwiegen christlich-moralische Darstellungen. Der heute verschollene Emporenzyklus der Schlosskapelle beinhaltete zudem eine propagandistische Auseinandersetzung mit dem Papst (»Antithesis Christi et Papae«).

Weißer Saal, Südseite, Detail des Wandstucks

Die Fußböden, deren Verzierung sicher einst mit der übrigen Ausstattung harmonierte, sind sämtlich vernichtet. Auch das mobile Interieur von Schloss Wilhelmsburg ist nahezu vollständig verloren gegangen. Wie aus den Archivalien hervorgeht, waren die herrschaftlichen Wohn- und Repräsentationsräume neben den Wandmalereien insbesondere mit textilen Wandbehängen (Tapisserien, Ledertapeten, Tüchern) geschmückt. Ursprünglich war die Mehrzahl der herrschaftlichen Räume zudem mit Kaminen oder gusseisernen Öfen ausgestattet, größere Räume enthielten beides. Während sich in den meisten frühneuzeitlichen Schlössern keine Öfen am originalen Standort erhalten haben, verfügt Schloss Schmalkalden immerhin über fünf historische Öfen, die wie die Wandmalereien reich dekoriert sind.

Rundgang durch die Räume des Schlosses

Seit Entstehung des Schlosses blieben die Schlossräume nicht unverändert. Vor allem in den ersten Jahrzehnten des 19. Jahrhunderts führten mehrfache Umnutzung, Vernachlässigung und unsachgemäße Sanierung zu nachhaltigem Bestandsverlust. Neben den Ge-

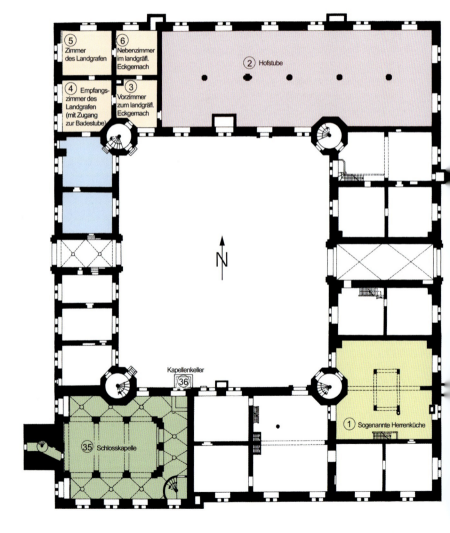

Grundriss Erdgeschoss

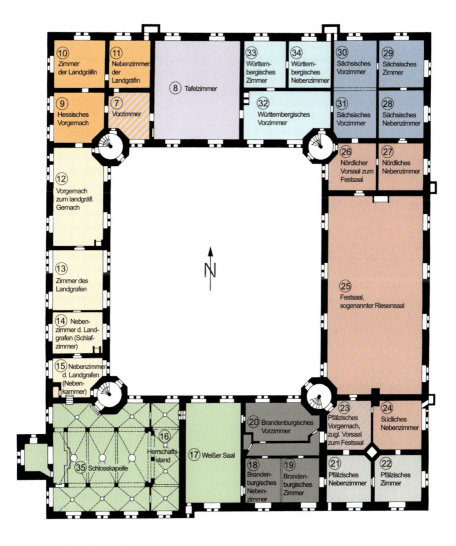

Grundriss Obergeschoss

mächern im Dachgeschoss war fast die gesamte mobile Ausstattung hiervon betroffen. Dennoch präsentiert sich Schloss Wilhelmsburg noch heute in eindrucksvoller Weise als bedeutendes Renaissanceschloss. Der im Rahmen eines Rundgangs erlebbare Zustand der Räume geht im Wesentlichen auf den Bauherrn Wilhelm IV. und auf seinen Sohn Moritz zurück.

Landgraf Moritz vollendete nicht nur die Außenanlagen, sondern er investierte auch größere Summen in die frühzeitige Renovierung und Ergänzung der Innenraumdekorationen. Allerdings ist sein Anteil, etwa an der Gestaltung des Landgrafengemachs und des Festsaals, in der Forschung umstritten. Festzuhalten ist, dass die unter Wilhelm und Moritz entstandenen Raumgestaltungen stilistisch zum Großteil einheitlich ausfallen. Verändernde Eingriffe nachfolgender Regenten des 17. und 18. Jahrhunderts, etwa die Umgestaltung des Südflügel-Obergeschosses unter der Landgrafenwitwe Hedwig Sophie, sind dagegen nur noch vereinzelt am Ort nachvollziehbar. Meistenteils zeugen sie von einem bemerkenswert frühen Interesse an Bestandsbewahrung des Renaissanceschlosses.

Insgesamt werden auf dem Rundgang weitgehend die historischen Grundeinheiten höfischen Wohnens und Repräsentierens um 1600 nachvollziehbar. Zahlreiche Restaurierungen aus unterschiedlichen Phasen geben zudem exemplarisch Einblick in die Entwicklung der Denkmalpflege. Der Rundgang beginnt im Innenhof und führt durch die herrschaftlichen Räumlichkeiten im Erd- und Obergeschoss:

Innenhof

Im Schlosshof fallen zunächst die prachtvollen Portale der Tordurchfahrten in den Blick. Sie waren einst farbig gefasst. Das östliche Portal zeigt in der Bekrönung das Brustbild des Erbauers Wilhelm IV., das gegenüberliegende das hessische Wappen. Auch die zu den vier Treppentürmen führenden Portale sind mit dem hessischen Wappen bekrönt, im Übrigen sind sie jeweils unterschiedlich gestaltet. Selbiges gilt für die separaten Eingänge zur Kapelle, zur Hofstube und zum Wirtschaftsbereich. Die Verschiedenartigkeit des Portaldekors belebt den Innenhof eindrucksvoll und kündigt zugleich ein wesentliches Dekorationsprinzip der Schlossräume an.

Die vier Treppentürme bilden die Zugänge zu den ehemals auf drei Geschossen anzutreffenden herrschaftlichen Wohn- und Repräsentationsräumen. Ihre gleichwertige Gestaltung ist durchaus charakteristisch für deutsche Renaissanceschlösser. Ein Hauptzugang und ausgesprochener Eingangsraum, zum Beispiel in Form eines großzügigen zentralen Treppenhauses, hat sich in Deutschland erst im Barock durchgesetzt.

Sogenannte Herrenküche (1)

Die Herrenküche diente der Versorgung der landgräflichen Familie und ihrer Gäste. In der Raummitte erhebt sich auf vier Pfeilern ein imposanter, nach vier Seiten offener Kamin, der als Feuerstelle diente. Ein weiterer kleiner Kamin an der Südwand wurde zum Warmhalten der Speisen genutzt. Der massive Fußboden verringerte die Brandgefahr. Die Treppe an der Südwand führt zur Wohnung des Küchenmeisters, der durch ein Fenster die Vorgänge in der Küche beaufsichtigen konnte. Heute ist die Küche nach museumsdidaktischen Überlegungen wieder eingerichtet. Der Steintrog am Kamin stand ursprünglich in einem benachbarten Raum und erinnert mit seiner Fließwasservorrichtung daran, dass die Wasserversorgung von

Schloss Wilhelmsburg nicht allein über den vom Vorgängerbau übernommenen Ziehbrunnen (in einem Gewölbe unter dem Westflügel), sondern seit 1601 auch über eine etwa drei Kilometer lange, aus dem Ehrental hierher geführte Röhrenwasserleitung erfolgte.

Außer der Hofküche vermittelt noch der große tonnengewölbte Weinkeller im Nordflügel einen Eindruck von dem ehemaligen Wirtschaftsbereich, zu welchem unter anderem die »Cavaliersküche« im nördlichen Teil des Ostflügels gehörte.

Hofstube (2)

Die Hofstube zählte als heizbarer Versammlungs- und Speiseraum des Hofstaats im 16. Jahrhundert noch zum unverzichtbaren Bestandteil eines fürstlichen Schlosses. Auf Schloss Wilhelmsburg ist die Hofstube eine langgestreckte Halle mit Fenstern nach drei Seiten, die von einer säulengestützten Balkendecke überspannt wird. Speiste der Landgraf gemeinsam mit seinem Gefolge oder empfing er Gäste in der Hofstube, so trat er aus seinem unmittelbar benachbarten Gemach und nahm seinen Platz in dem von zwei Arkadenbögen abgeteilten westlichen Bereich ein.

Hofstube, Blick nach Osten

Als gegen Ende des 16. und zu Beginn des 17. Jahrhunderts an den meisten Höfen ein Kostgeld eingeführt wurde und damit die gemeinsamen Mahlzeiten am Hof entfielen, verlor die Hofstube weitgehend ihre Funktion. Auf Schloss Wilhelmsburg diente dieser Raum seit dem 18. Jahrhundert als Gardesaal. Heute wird die Hofstube als Ausstellungsfläche vom Schlossmuseum genutzt.

Landgräfliches Eckgemach (3–6)

Durch die westliche Tür der Hofstube bzw. direkt vom Hof aus über den nordwestlichen Treppenturm gelangt man in das Vorzimmer des landgräflichen Eckgemachs. Zur Unterscheidung von dem zweiten, nachträglich eingerichteten Landgrafengemach im Obergeschoss wird das ebenerdige Eckgemach heute auch als Wilhelmsgemach bezeichnet. Wie bei herrschaftlichen Gemächern der Frühen Neuzeit üblich, diente diese überaus repräsentativ gestaltete Raumfolge dem Landgrafen gleichermaßen als Empfangs-, Arbeits- und Wohnbereich. An das erste Vorzimmer schließt ein zweites an, das als Empfangszimmer diente. Es folgen das Zimmer des Landgrafen, das als Eckraum Fenster nach zwei Seiten enthält, und ein als Schlafraum dienendes, mit Abort versehenes Nebenzimmer. Diese Raumstruktur prägt auch die Gemächer im Obergeschoss und entspricht dem Standard des mitteleuropäischen Schlossbaus im 15. bis frühen 17. Jahrhundert. Die beiden Räume zwischen Empfangszimmer und westlicher Tordurchfahrt enthielten die Badestube, welche seit dem späten 16. Jahrhundert ebenfalls zum Standard fürstlicher Hofhaltung zählte.

Die für das Schloss charakteristische Roll- und Beschlagwerksornamentik ist im Wilhelmsgemach auf besonders virtuose Weise mit der von der Antike inspirierten Groteskenmalerei kombiniert. Die illusionistisch als Portale gestalteten Türrahmungen enthalten architektonische Würdemotive und Herrschaftssymbole (Baldachin, Kuppel, Krone, züngelnde Schlangen, Waffen). Einzelne Motive lassen sich unmittelbar auf grafische Vorlagen des niederländischen Ornamentkünstlers Hans Vredemann de Vries zurückführen.

Das Empfangszimmer des Landgrafen ist der einzige Schlossraum mit vollständig erhaltener Kassettendecke. Die Kassettenfelder sind mit Leinwandgemälden gefüllt und zeigen fünf der sieben Freien Künste: Grammatik, Rhetorik, Dialektik, Geometrie und Astrologie.

Besonderen Zeugniswert für die Entstehungsgeschichte von Schloss Wilhelmsburg besitzt der gusseiserne Ofen. Er enthält zwischen figuralen Szenen, Grotesken- und Rollwerkmotiven die Signatur des Kasseler Hofbildhauers Wilhelm Vernuken, der maßgeblichen Anteil an der Ausstattung der Wilhelmsburg hatte.

Das Wilhelmsgemach ist nicht zuletzt ein wichtiges Beispiel für die Anfänge der Denkmalpflege. Nach Ausweis der zweifachen Signatur und Datierung im Vorzimmer (über der Tür zur Wendelstiege sowie über dem Hoffenster) wurden die Wandmalereien 1769 durch den Maler Salomon Christoph Luther bearbeitet; augenscheinlich ging es dabei um eine bestandswahrende Maßnahme.

Über die nordwestliche Wendeltreppe des Schlosses gelangt man am Zwischengeschoss vorbei in einen Vorraum (7), dessen Türen sowohl in das Tafelzimmer als auch in das Hessische Gemach führen. Eine Besonderheit des Grundrisses von Schloss Wilhelmsburg besteht darin, dass die Vorzimmer zusätzlich zu ihrer Funktion als Empfangsräume auch der Geschosserschließung dienten. Auf die herkömmlichen, nicht beheizbaren Laubengänge konnte dadurch verzichtet werden.

Tafelzimmer (8)

Das Tafelzimmer (auch »Eßsaal«, Tafelstube, Tafelgemach) gehörte zu den wichtigsten Repräsentationsräumen eines fürstlichen Schlosses. Hier speiste die fürstliche Herrschaft separiert vom Hofgefolge mit hochrangigen Gästen und Amtsträgern. Von der ursprünglichen Funktion zeugen heute noch die besonders qualitätvollen Wandmalereien mit lukullischen und gastrosophischen Motiven wie der Weinlaubpergola über der westlichen Tür und dem humoristisch dargestellten Völler über der angrenzenden Schanktischnische. Die Fenster werden gerahmt von Scheinarchitekturen mit überlebensgroßen Tugendallegorien (hofseitig die durch Attribute gekennzeichneten Tugenden Justitia, Prudentia, Caritas und Temperantia, auf der gegenüberliegenden Seite die durch ehemalige Inschriften identifizierbaren Tugenden Spes, Pietas, Fortitudo und Fides). Temperantia, die Tugend des Maßhaltens, mischt Wein mit Wasser und wendet sich dem über Eck dargestellten trinkenden Völler zu, der jedoch nur Augen für seine Weinamphore hat.

◀ Wilhelmsgemach, Vorzimmer, Tür zum Nebenzimmer

Tafelzimmer, Blick nach Nordosten

Neben den Malereien schmückten ursprünglich auch Tapisserien mit Szenen der Tobiasgeschichte und Porträtgemälde berühmter zeitgenössischer Fürsten das Tafelzimmer. Nach einer um 1680 angebrachten blau-goldenen Ledertapete, die 1822 wieder entfernt wurde, erhielt der damals für Audienzen genutzte Raum den Namen »Blauer Saal«. 1927 wurde das Tafelzimmer als erster Schlossraum umfassend restauriert. Teile der Wandmalereien an der Nordwand und die gesamte Kassettendecke waren durch Witterungseinflüsse zerstört und mussten völlig erneuert werden. Der Dekor der Decke mit Arabesken und einem Groteskenfries aus Sphinxköpfen, Widderschädeln und Fruchtgirlanden wurde auf der Grundlage der erhaltenen Fragmente und der zeichnerischen Bauaufnahme Friedrich Laskes aus den 1880er Jahren rekonstruiert.

Hessisches Gemach (9–11)

Begibt man sich wieder in den Vorraum an der Wendeltreppe, so gelangt man in das Gemach der Landgräfin. Da Wilhelms Gemahlin Sabine von Württemberg bereits 1581 verstorben war und der Landgraf nicht wieder geheiratet hat, widmete er das Gemach dem Haus Hessen. Gemäß seinem heraldischen Farbdekor erhielt es die Zusatzbezeichnung »Rotes und Weißes Gemach«. Zugleich ließ der Bauherr hier an seine verstorbene Gemahlin erinnern. So zeigt die Supraporte der Nordtür im Vorgemach ihr Porträt.

Das Hessische Vorgemach vermittelt überdies sehr anschaulich die denkmalpflegerisch-didaktische Konzeption der 1960er Jahre, die zahlreiche Räume des Schlosses nachhaltig prägen sollte. So wurden die Malereien an der Westwand vollständig rekonstruiert, während man die Türrahmungen im Freilegungszustand beließ. Dem Betrachter sollte damit auf der einen Seite die Schönheit und ornamentale Vielfalt der Renaissancemalereien, auf der anderen Seite der tatsächliche, fragmentarische Erhaltungszustand vorgestellt werden. Die Totalrekonstruktion führt Aufbau und Programm der Wandmalerei vor Augen; sie wird aber dem künstlerischen Duktus der Originalfassung (Farbgebung, Pinselführung etc.) nicht immer gerecht und macht damit zugleich die Problematik denkmalpflegerischer Rekonstruktion deutlich.

Nicht von ungefähr wählte man die Westwand als Rekonstruktionsbeispiel, denn sie zeichnet sich durch eine ganz besondere Farbenpracht und ornamentale Fülle aus. Die beiden Fensternischen werden von großen, teils aus Rollwerk gebildeten und in Rollwerk gekleidete, dadurch höchst surreal erscheinende Hermen gerahmt. Weitere Überraschungseffekte enthält die Wanddekoration im Detail: die vordergründig symmetrische Anordnung von Roll- und Beschlagwerk, Frucht- und Blütenschnüren etc. löst sich bei genauerem Hinsehen in eine einzigartige Vielfalt der Formen und Motive auf. Eingefügt in die Ornamentik sind Stierschädel, Engelsköpfe und Fabelwesen.

Landgräfliches Gemach (12–15)

Südlich an das Hessische Gemach schließt das Gemach des Landgrafen an, das durch nachträgliche Umgestaltung 1590 entstanden ist. Die als frühbarocke Enfilade, nämlich mit Türen in einer Flucht gestaltete Raumfolge zeichnet sich durch einen privilegierten Stadt- und Hofblick aus. Von den beiden ursprünglich hier befindlichen Sälen wurde der nördliche unverändert in die Gemachstruktur übernommen. Im Inventar von 1626 ist er als »Vorsaal« (Empfangszimmer) ausgewiesen, auf welchen die »Stube« (Wohnzimmer), die »Kammer« (Schlafzimmer) und die »Nebenkammer« folgen. Wohn- und Schlafzimmer entstanden durch Einzug einer Trennwand im südlichen Saal. Der nachträgliche Einbau ist an dem abrupt abbrechenden Rollwerkdekor in der Südostecke des Wohnzimmers erkennbar. Im Empfangszimmer und in der am südwestlichen Treppenturm gelegenen »Nebenkammer« wurde die ursprüngliche Raumfassung beibehalten. Im Wohn- und im Schlafzimmer kam es dagegen zur teilweisen bzw. gänzlichen Neugestaltung der Wandmalereien. Der Dekor des Schlafzimmers mit weiblichen Tugenden entstand im direkten Zusammenhang mit der räumlichen Veränderung 1590 (Datierung über der Nordtür). Die Türrahmungen im Zimmer des Landgrafen dürften dagegen erst unter Landgraf Moritz 1619 entstanden sein, denn sie unterscheiden sich durch schmale Beschlagwerkrahmung deutlich von dem stark ausladenden Roll- und Beschlagwerkdekor der Erbauungszeit. Den Zugang zum Wohnzimmer des Landgrafen schmücken überlebensgroße Trabanten (Wachsoldaten), die in Landsknechttracht mit Hellebarden dargestellt sind. Sie dürften ebenfalls zur nachträglichen Gemachgestaltung gehören.

Nach Einrichtung des Landgrafengemachs im Obergeschoss war der direkte Zugang zur Kapelle dort wohl allein dem Landgrafen vorbehalten. Der heutige Rundgang folgt diesem Weg.

Schlosskapelle (16, 35)

Die 1590 eingeweihte Schlosskapelle ist eine Raumschöpfung der deutschen Renaissance von höchstem Rang. Sie zählt zu den bedeutendsten protestantischen Schlosskirchen der Reformationszeit. Die dreigeschossige Saalkirche enthält an drei Seiten doppelgeschossige Emporen, die als Arkadenarchitektur einen rechteckigen, flach gewölbten Binnenraum umschließen. An der westlichen Schmalseite erhebt sich der nach allen Seiten freistehende, aus kostbarem Alabaster gebildete Altar. In die von den vier Evangelistensymbolen getragene Altarplatte ist eine Vertiefung für die Taufschale eingelassen, so dass die beiden protestantischen Sakramente Taufe und Abendmahl an einem Platz vereinigt sind. An der geschlossenen Westwand hinter dem Altar sind in Emporenhöhe die Kanzel und darüber die Orgel platziert. Die hier erstmals verwirklichte Anordnung von Altar und Taufbecken, Kanzel und Orgel in einer Achse und damit die konsequente

Schlosskapelle, Gewölbe

Schlosskapelle, Orgelprospekt

Ausbildung eines liturgischen Zentrums sollte sich als wegweisend für die Entwicklung des evangelischen Kirchenbaus erweisen. Von gleicher Vorbildwirkung war die Anordnung des Herrschaftsstands dem liturgischen Zentrum gegenüber auf der oberen Empore.

Raumprägend sind die reichen, das gesamte Innere überziehenden Stuckaturen. Wie im gesamten Schloss bilden Roll- und Beschlagwerk das Grundgerüst des ornamentalen und figürlichen Zierrats, der im Vergleich zu den Gemächern nochmals deutlich gesteigert ist. Mit Gold akzentuiertes Weiß ist hier dominierend. Fingierte Edelsteine und eine Vielzahl zart farbig gefasster Motive, darunter Blumen und Früchte, Engel, Tiere, Masken und allegorische Darstellungen, heben sich wirkungsvoll von diesem Hintergrund ab. In den Bogenzwickeln zum Deckengewölbe lagern die Apostel und Evangelisten – angeordnet in Zweierpaaren nach dem Kompositionsschema Michelangelos für die Medici-Gräber in Florenz.

Die heute schmucklosen Brüstungsfelder der Emporen trugen ursprünglich einen auf 30 Tafeln gemalten Bildzyklus »Antithesis Christi et Papae«. Dabei handelte es sich um eine propagandistische Auseinandersetzung mit dem Papst und der römisch-katholischen Kirche, die in der reformatorischen Ikonographie der 1520er Jahre geprägt wurde. In der Gesimszone unterhalb der Brüstungen sind noch die zugehörigen lateinischen Zitate aus der Bibel und dem kanonischen Recht erhalten, auf den Brüstungsfeldern selbst ist die alte Nummerierung zu erkennen. Nach dem Wechsel von der lutherischen zur reformierten Konfession ließ Landgraf Moritz 1608 die Sakralbauten in Schmalkalden purifizieren. Dabei wurden auch die Emporentafeln aus der Schlosskapelle entfernt und eingelagert. Drei Jahrzehnte später gelangten sie als Geschenk an Herzog Ernst den Frommen nach Gotha, wo sie seit 1716 als verschollen gelten.

Das kostbarste Ausstattungsstück ist die Orgel. Sie wurde von dem Göttinger Orgelbaumeister Daniel Mayer 1586 bis 1589 gefertigt und wie die gesamte Kapelle in den 1960er und 1970er Jahren umfassend restauriert. Sie zählt zu den ältesten spielbaren Orgeln Mitteleuropas und stellt mit ihrem aus Holz gefertigten Pfeifenwerk eine Besonderheit dar. Das relativ kleine, zu kammermusikalischen Zwecken konzipierte Instrument verfügt lediglich über ein Manual. Die Schaupfeifen sind mit Elfenbein belegt und im oberen Bereich mit reichem Schnitzwerk (Schleierbrettern) abgeschlossen. Die Klappflügel sind mit biblischen Szenen bemalt.

Weißer Saal (17)

Über die Empore und am Herrschaftsstand vorbei gelangt man in den Weißen Saal. Er ist wie die Kapelle reich stuckiert und war dieser auch funktional zugehörig. Im höfischen Zeremoniell diente er als Versammlungsraum, als sogenanntes Assembléezimmer, in dem sich die Hofgesellschaft einfand, um gemeinsam mit dem Landgrafen in die Kapelle einzuziehen. Rangniedere Hofangehörige nutzten in-

Weißer Saal, Blick nach Nordwesten

Weißer Saal, Stuckdetail mit hessischem Löwen und württembergischem Greif

des den Zugang über den Hof und nahmen auf den unteren Galerien Platz.

Die Benennung des Weißen Saals ist auf die Stuckaturen zurückzuführen, die in der Bauzeit als »weiße Arbeit« bezeichnet wurden. Das Dekorationssystem gleicht in leicht reduzierter Form dem der Kapelle und enthält zusätzlich Arabesken. Tugendfiguren an den Portalen sowie zahlreiche mythologische und christliche Symbole an Decke und Wänden sind programmatisch auf Wilhelm IV. und seine verstorbene Gemahlin Sabine von Württemberg bezogen, die mit ihren Herrschaftszeichen (Initialen, landgräfliches Wappen, hessischer Löwe und württembergischer Greif) vertreten sind.

An den von Stuck freien Wandflächen hingen großformatige textile Wandbehänge, wie sie einst sämtliche Schlossräume schmückten. Seit 1995 sind dort moderne Gobelins der Künstlerin Dagmar Varady-Prinich angebracht, die die landschaftlichen Motive der dem Schloss gegenüberliegenden Hügel Grasberg und Wolfsberg zeigen.

Festsaal (25)

Durch die heute veränderten Räume des Brandenburgischen Gemachs (18-20) und Teile des anschließenden Pfälzischen Gemachs (21, 23) gelangt man in den Ostflügel mit dem Festsaal. Die Zugänge über den südlichen und nördlichen Vorsaal (23, 26) flankieren – wie bereits beim Zimmer des Landgrafen – überlebensgroße Trabanten. Ursprünglich »Danzsaal«, später auch Bankett- oder Riesensaal genannt, diente er Huldigungen, Empfängen, Festen und Schauspielen. Mit einer Grundfläche von 13×26 Metern (Maßverhältnis 1:2) und aufgrund seiner reichen Ausstattung zählt er zu den prachtvollsten Sälen deutscher Renaissanceschlösser. Die hölzerne Kassettendecke ruht auf einem gewaltigen, im Dachstuhl aufgehängten Mittelunter-

Südlicher Zugang zum Festsaal

zug, so dass der Raum stützenlos ist. Die seitlichen Unterzüge lagern auf konsolartigen, ornamental geschmückten Wandpfeilern. Die im Verhältnis zur Grundfläche gedrungen wirkende Raumhöhe von vier Metern erklärt sich aus dem Problem der Beheizbarkeit sowie dem Wunsch nach Einhaltung der Geschosshöhe. Die Raumhöhe italienischer Palastsäle sollte sich in Deutschland erst im Schlossbau der Barockzeit durchsetzen.

Decke und Wände des Festsaals sind mit reichen Scheinarchitekturen und umfangreichen Bildzyklen ausgemalt. Wie in der Kapelle sorgt auch hier die Illusion wertvoller Materialien wie Marmor, Edelsteine, Gold und Silber für besondere Effekte der Raumwirkung. Der

Festsaal, Blick nach Norden ▶▶

Zugang an der Nordseite ist als gemalte Ehrenpforte mit verdoppelten Karyatiden und bekrönendem Brustbild des Bauherrn Wilhelm IV. gestaltet. Die Ehrenpforte und der daneben platzierte, aus Sandstein und Stuck gebildete Prachtkamin mit dem landgräflichen Wappen kennzeichnen die Nordseite als die repräsentative Hauptseite des Raumes, an welcher der Regent seinen Platz einnahm. Der südliche Zugang ist etwas schlichter mit einfachen Karyatiden und wiederum dem landgräflichen Wappen dekoriert. Ihm ist ein großer gusseiserner Ofen zugeordnet.

Die gleichfalls ehrenpfortenartige Rahmung der Fensternischen enthält einen Zyklus von Figuren der Bibel und der antiken Mythologie. Neben Harpokrates, Melchisedek, Salomo und weiteren klassischen Regentenvorbildern erscheinen unter anderem Adam und Eva sowie der Verkündigungsengel und Maria als zentrale Gestalten der christlichen Heilsgeschichte. Die Malereien der Kassettendecke sind nur sehr fragmentarisch erhalten. Leitthema der insgesamt 104 auf Leinwand gemalten Bildtafeln waren – wie bereits im Tafelzimmer – die vier Kardinalstugenden (Justitia, Prudentia, Fortitudo, Temperantia) sowie vier christliche Tugenden (Fides, Spes, Caritas, Pietas). Von den acht Hauptbildern ist lediglich das der Caritas erhalten. Der biblisch-pagane Figurenzyklus an den Wänden und das Tugendprogramm an der Decke lassen sich als Verbildlichung frühneuzeitlicher Fürstenspiegel verstehen. Ähnlich wie im Weißen Saal präsentieren sie die »gute Herrschaft« des durch Bildnis und Wappen präsenten Bauherrn.

Sächsisches und Württembergisches Gemach (26–34)

Im Nordflügel folgen das Sächsische und das Württembergische Gemach, jeweils über Vorzimmer erreichbar. Gut erkennbar sind noch die zugehörigen Wappen über den Türstürzen wie auch die unterschiedliche Farbigkeit der Gemächer, die wiederum die jeweiligen heraldischen Farben aufnimmt. Der Malerei gemeinsam ist das immer wieder neu variierte Dekorationssystem aus Roll- und Beschlagwerk, floralem Schmuck, Fruchtgehängen und phantasiereichen Grotesken – Motiven, die in nahezu allen Räumen des Schlosses zu finden sind. Das Obergeschoss kann über das Tafelzimmer verlassen werden. Abschließend kann die Schlosskapelle nochmals ebenerdig über den Hof betreten werden.

Festsaal mit Museumseinrichtung, Aufnahme von 1909 ▶

Das Museum Schloss Wilhelmsburg und seine Sammlungen

Das Schlossmuseum Wilhelmsburg widmet sich mit Dauer- und Wechselausstellungen der Geschichte des Schlosses und der Stadt Schmalkalden in ihren jeweiligen Bezügen zum Alten Reich. Sämtliche für Schmalkalden wichtige Epochen vom Mittelalter bis zum 19. Jahrhundert werden in ihren Entwicklungsbedingungen und Wirkungen dargestellt. Ein Schwerpunkt liegt dabei auf der Reformationsgeschichte und hier insbesondere dem Schmalkaldischen Bund. Ebenfalls im Zentrum steht die Residenzkultur der Renaissance. Überregionale Beachtung finden nicht zuletzt die Sonderausstellungen des Schlossmuseums, so etwa zur Geschichte der frühneuzeitlichen Hexenprozesse oder zum Schicksal einfacher Bürger im Dreißigjährigen Krieg.

Die Entwicklung des Museums Schloss Wilhelmsburg ist aufs Engste verbunden mit den Leistungen des 1873 gegründeten Vereins für Hennebergische Geschichte und Landeskunde. Dieser gehört zu

den zahlreichen im 19. Jahrhundert entstandenen Geschichts- und Heimatvereinen. Den Hintergrund dafür bildete ein neues, durch Aufklärung und Romantik geprägtes Geschichtsverständnis und ein erwachendes bürgerlich-liberales Nationalbewusstsein. Als seinen konkreten Zweck formulierte der in Schmalkalden ansässige Verein im Statut »die Belebung des Interesses für Hennebergische Geschichte und Altertümer sowie die Aufsuchung, Sammlung, Erhaltung und Beschreibung der darauf bezüglichen Denkmäler.« Ein Schwerpunkt der Vereinsarbeit lag in der Sammlung regionalgeschichtlich bedeutsamer Zeugnisse, die bis heute den Grundstock der Museumssammlungen bilden. Seit 1878 wurden die rasch anwachsenden Sammlungen in einigen Räumen im Schloss Wilhelmsburg präsentiert. Dies war die Geburtsstunde des Schlossmuseums.

Bis 1913 hatte sich der Sammlungsbestand des Vereins derart vermehrt, »daß wir außer dem großen Festsaal und der Exerzierhalle [gemeint ist die Hofstube] noch acht andere Räume mit Altertümern eingerichtet haben [...] es konnten Reformations-, Renaissance-, Bauern-, Küchenräume u. a. eingerichtet werden.« Daneben war eine umfangreiche geologische Sammlung entstanden.

Bei der Anmietung der ersten museal genutzten Räume 1877 hatte der Verein die Auflage erhalten, sich um Pflege und Erhalt der Räume zu kümmern. Auch als die Wilhelmsburg 1880 in Staatseigentum überging und damit die Instandsetzungsmaßnahmen der öffentlichen Hand oblagen, setzte sich der Verein weiterhin nachdrücklich für das Denkmal ein. Stand zunächst die Wiederherstellung von Türen, Fenstern und Böden im Vordergrund, so konnte in den 1920er Jahren die Restaurierung der vom Verfall bedrohten Wandmalereien beginnen. Die Wiedereinweihung des restaurierten »Blauen Saals« (Tafelzimmer) im Jahr 1928 war ein erster Höhepunkt in der Geschichte des Schmalkaldener Museums.

Während des Zweiten Weltkriegs musste der Verein für Hennebergische Geschichte und Landeskunde seine Aktivitäten allerdings stark einschränken, und nach Kriegsende wurden alle Vereine in der sowjetischen Besatzungszone aufgelöst. Damit kam auch die Museumsarbeit auf Schloss Wilhelmsburg zum Erliegen. Aber bereits im Mai 1946 konnte das inzwischen in die Rechtsträgerschaft der Stadt Schmalkalden übertragene Museum wiedereröffnet werden.

Als 1955 der Südflügel an das Museum übergeben wurde, war erstmals wieder ein Rundgang durch alle vier Flügel im ersten Obergeschoss möglich. Das Museum umfasste nun 30 Räume mit über 2 000 Quadratmetern Ausstellungsfläche. 1956 entstand die stadtgeschichtliche Sektion »Neueste Geschichte – Arbeiterbewegung«, und ab 1964 kam es unter dem Einfluss der marxistisch-leninistischen Geschichtswissenschaft zu einer umfassenden Neukonzeption: Die Entwicklung des Eisenhandwerks und der Eisenindustrie vom Mittelalter bis zur Gegenwart zog sich nun als roter Faden durch die Präsentation. Mitte der 1990er Jahre grundlegend umgestaltet, soll die Dauerausstellung anlässlich des fünfhundertjährigen Reformationsjubiläums 2017 abermals neu konzipiert werden.

Die Sammlungen des Museums Schloss Wilhelmsburg wurden durch Ankäufe und Stiftungen bis in die jüngste Zeit erweitert. Sie umfassen heute rund 10 000 Objekte, von denen eine Auswahl in der Dauerausstellung präsentiert wird. Der umfangreichste Sammlungskomplex widmet sich der Schmalkaldener Kleineisenindustrie. Er dokumentiert die Entwicklung des hier ansässigen Industriezweiges von den Anfängen bis in die Gegenwart. Bodenfunde wie Hufeisen, Messerklingen, Sporen, Speerspitzen und Beile zeugen von der Vielfalt der örtlichen Eisenverarbeitung schon im 12. Jahrhundert. Meisterwerke der Schmiedekunst, darunter Werkzeug und Besteck, Schlösser und kunstvolle Beschläge, veranschaulichen die wirtschaftliche Blüte um 1600, als es in Schmalkalden 270 Schmiedewerkstätten gab. Die Sammlung von gusseisernen Öfen und Ofenplatten zählt zu den bedeutendsten in Deutschland. Sie dokumentiert Eisenkunstguss von der Renaissance bis zum Jugendstil und macht die Entwicklung der Öfen von einem anfänglich kostbaren Schaustück zu einem sich einordnenden Gebrauchsgegenstand nachvollziehbar. Der gleichfalls umfängliche Münzen- und Medaillenbestand enthält Exemplare aus dem 13. Jahrhundert bis in die Gegenwart.

Schmalkalder Schützenketten, 16. Jahrhundert

Die volkskundliche Sammlung beinhaltet historische Gegenstände zur Lebensweise, zu Handwerk und Gewerbe, Hausrat und vieles mehr. Die Trachtensammlung, bedeutender Teil im Gesamtbestand, enthält Kirchen- und Kindermäntel sowie verschiedene Festtags- und Alltagstrachten der Region. Von der hohen Bedeutung städtischer Wehrhaftigkeit in Spätmittelalter und Früher Neuzeit zeugen die beiden silbernen Schützenketten, die Landgraf Philipp der Großmütige 1521 der Armbrust- und der Feuerschützengilde in Schmalkalden schenkte. Diese Ketten wurden beim jährlich stattfindenden Schützenfest als »Wanderpokal« an den neuen Schützenkönig verliehen. Er durfte dann sein Wappen an der Kette befestigen lassen. Die Landesherren legten großen Wert auf eine in Waffen geübte Bürgerschaft und nahmen selbst an den Schützenfesten teil. Die Ketten zieren unter anderem die Wappen des hessischen und des hennebergischen Landesherrn. Die reich dekorierte Lade zum Aufbewahren der Schützenketten ist 1602 datiert.

Lade zum Aufbewahren der Schützenketten

Die Stadt Schmalkalden besaß wertvollstes Ratssilber. Leider sind im Verlauf der Jahrhunderte kaum Stücke erhalten geblieben. Vor allem der Dreißigjährige Krieg und die napoleonische Zeit haben zu großen Verlusten geführt. In der ersten Hälfte des 20. Jahrhunderts wurden ein Pokal und ein Humpen wieder gefunden und dem Museum übergeben. Der signierte Pokal ist 1671 von dem angesehenen Augsburger Meister Philipp Kusel gefertigt worden. Beide Gefäße zieren das Schmalkaldener Stadtwappen sowie die Wappen und Namen der Stifter – darunter der um den Schlossgarten verdiente Bürgermeister Dr. Gallus Wirth.

Aus der Grafik- und Gemäldesammlung stechen Porträts

der Mitglieder des Schmalkaldischen Bundes wie auch Schloss- und Stadtansichten hervor. Eine großformatig gemalte Karte der Herrschaft Schmalkalden von 1676 zeigt das landschaftlich differenzierte Territorium, das von den Niederungen der Werra bis weit in den Thüringer Wald reicht. Besonders erwähnenswert sind die Architektur- und Bauzeichnungen von Friedrich Laske, die den Zustand des Schlosses Ende des 19. Jahrhunderts dokumentieren und als Grundlage aller denkmalpflegerischer Maßnahmen dienten.

Schmalkalder Ratssilber, 17. Jahrhundert

Ein wesentlicher Bestandteil des Museums ist nach wie vor die Bibliothek. Sie umfasst heute über 11 000 Bände, darunter wertvolle Inkunabeln und bedeutende Drucke aus dem 16. Jahrhundert. Wichtige Sachgebiete sind die Geschichte der Herrschaft Schmalkalden und die Reformationsgeschichte.

Im Keller unter der Schlosskapelle erwartet seit 1996 eine raumidentische Kopie hochmittelalterlicher Wandmalereien aus der Sagenwelt von König Artus und Ritter Iwein die Besucher. Die originalen Fresken in einem Kellergewölbe des Schmalkaldener Hessenhofs, des einstigen Verwaltungssitzes der ludowingischen und später der hessischen Landgrafen, sind aus konservatorischen Gründen nicht öffentlich zugänglich. Der 26 Szenen umfassende Bildzyklus nach dem Iwein-Epos des Hartmann von Aue entstand um 1225 und zählt damit zu den ältesten Zeugnissen deutscher Profanmalerei.

Zur Tradition des Museums gehören auch Konzerte auf dem Schlosshof, in den Sälen und in der Kapelle. Hervorzuheben ist die international renommierte Konzertreihe auf der Renaissanceorgel. Dem Museum Schloss Wilhelmsburg angeschlossen sind das Schaubergwerk Finstertal in Asbach (eine Eisen- und Braunsteingrube aus der Zeit um 1900), ferner die spätklassizistische Industrieanlage »Neue Hütte« und das Metallhandwerksmuseum Steinbach-Hallenberg.

Geschichte und Architektur der Gärten von Schloss Wilhelmsburg

Neben dem Schlossbau sind für das Gesamtensemble der Wilhelmsburg die Schlossgärten auf den umgreifenden Berghängen von Bedeutung. Besonders herausragend ist der auf dem Südhang angelegte Terrassengarten mit der ehemaligen Wasserkunst, der sich in seiner Struktur und Gestaltung, soweit diese bekannt sind, zwar in den Kanon der Gartenkunst vom 17. bis zum beginnenden 18. Jahrhundert einordnen lässt, darüber hinaus aber durchaus eigenständige Merkmale zeigt.

Die Gartenanlagen von Schloss Wilhelmsburg gehen auf die Bautätigkeit von Landgraf Moritz zurück, der 1592 von seinem Vater Landgraf Wilhelm IV. die Regentschaft übernahm und das fertiggestellte Schloss um Nebengebäude und den Terrassengarten ergänzte. Botanische und gartenkünstlerische Kenntnisse wird er durch seine Erziehung am Kasseler Hof und die umfangreiche Berührung mit den Zeugnissen der Tätigkeit seines Vaters auf diesem Gebiet erlangt haben. So war unter Wilhelm IV. der Lustgarten begonnen worden (später Karlsaue), der bereits damals Berühmtheit erlangte und mit regem Austausch mit anderen Landesherren und Botanikern verbunden war. Noch bevor Moritz diese Anlage seines Vaters erweiterte und sich dem Jagdschloss auf dem Weißenstein, dem späteren Schloss und Park Wilhelmshöhe, zuwandte, ließ er in Schmalkalden den bisher ungenutzten Südhang des Schlossbergs in einen Terrassengarten umwandeln.

Im März 1602 begannen die Arbeiten zur Terrassierung des südlichen Hangs unterhalb des Schlosses. In die Anlage wurde eine bereits bestehende ältere, mittelalterliche Mauer der ehemaligen Burg Wallrab integriert, die die zweite Terrasse von unten stützt. Da die ebenfalls bereits bestehende oberste Stützmauer nicht parallel zu dieser älteren Burgmauer verlief, entstand ein trapezförmiger Zuschnitt der obersten Gartenterrasse. Die Ummauerung führte dazu, dass keine direkte gestalterische Anbindung an das Schlossgebäude entstand. Im Westen begrenzte die vormalige Stadtmauer den Garten zur 1610 errichteten Großen Pfalz und zum ehemaligen Henneberger Hof, an dessen Stelle 1618 der Marstall errichtet wurde. Entlang dieser Mauer wurden durch eine Treppenanlage die einzelnen Terrassen erschlossen. Von einem kleinen Altan auf der obersten Terrasse führte ein Durchgang auf die große Pfalzterrasse. Nach Süden begrenzte man den Lustgarten durch die Meierei, die 2008 abgerissen wurde. Ihr vorgelagert am Fuße des Terrassengartens entstand unter Aufgabe eines älteren Küchengartens und Eingliederung eines Bürgergartens der etwa dreieckige Teich. Vom Schloss zum Garten wurde unter Aufgabe einer Zugbrücke im nördlichen Zwinger ein Zugang durch die Mauer gebrochen. Von hier gelangte man in einen »verborgenen Gang«, der den Hang auf der Ostseite hinabführte. Es handelte sich um einen Hohlweg mit Treppenanlage, dessen seitliche Böschungen mit Obstbäumen bepflanzt wurden. Östlich grenzten die höher liegenden Gärten des Schäferhofs und des Küchengartens an, die zu einem Obst- und Küchengarten verbunden wurden. Er war ebenfalls durch Mauern oder Böschungen terrassiert. Beim Bau der Schule 1912/13 ging allerdings die Hälfte seiner Fläche verloren.

Die einzelnen Terrassen wurden auch als erster, zweiter, dritter und vierter Garten bezeichnet – ein Hinweis auf die Eigenständig-

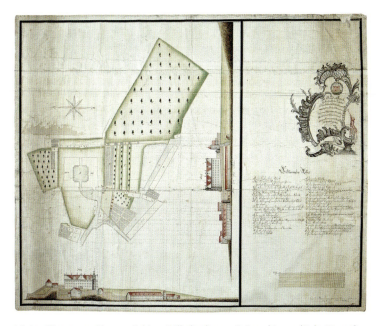

Michael Herrmann, Plan von Schloss Wilhelmsburg mit Grundriss und Schnitten, 1803

keit der einzelnen Terrassen. Diese waren in nicht näher bestimmte Beete aufgeteilt und durch Wege erschlossen. Der 1602 eingestellte Gärtner Friedrich Maasack, der vorher in Kassel tätig war, nahm die Bepflanzung in Angriff. In den Archivalien finden sich für diese Zeit vor allem Nutzpflanzen. 1603 ist von »Simplicia« die Rede, womit Heil- und Medizinkräuter, aber auch Blumen gemeint sein können. Die unterste Terrasse wurde mit Zwetschgenbäumen bepflanzt. 1605 sind unter anderem gelbe, weiße und rote Rüben, Winterspinat, Petersilie, Schnittlauch, Möhren, Weißkraut, Heiligenkraut und Meerrettich belegt. Kirschbäume wurden am »verborgenen Gang« gepflanzt. Außerdem wurden sieben Rosmarinstöcke und 37 »Garttenscherben«, Pflanztöpfe für »allerley Garttengewechzen dem Winder zu verwaren«, also zum Überwintern, eingekauft. Pflanzen wurden auch aus anderen landgräflichen Gärten bezogen. Landgraf Moritz gab beispielsweise persönlich Anweisung, dass vom Schmalkaldener Gärtner geforderte Pflanzen aus Rotenburg und Eschwege geliefert werden sollten. Typisch für einen Renaissancegarten waren die Ausstattung und Abgrenzung mit Hecken, Spalieren und hölzernen Zäunen. Erwähnt werden auch verschiedene Lusthütten, deren Standort allerdings nicht näher angegeben ist. Sie können also auch im östlichen Obst- und Küchengarten gestanden haben.

Die große Menge von Obst und Gemüse im Lustgarten deutet auf den hohen Stellenwert der Nutzpflanzenkultur hin, typisch für die Zeit, in der zumeist Nutz- und Zierpflanzen auch in Lustgärten kombiniert wurden. Andererseits weist die Benennung des »verborgenen Ganges« als »Sommergang« auf den kontemplativen Charakter der Gesamtanlage hin. Herausragendes Gestaltungs- und Gliederungselement war die wasserkünstlerische Ausstattung mit einer Brunnenkette, die sich in der Mittelachse des Gartens über alle vier Terrassen bis zum Schlossteich erstreckte. Im Inventar von 1607 werden vier bemalte kupferne Brunnenbecken mit Tierfiguren aus Messing genannt. Es waren ein »weiß Meßing Roß im ersten Garten«, ein Hirsch im zweiten, ein Löwe im dritten und ein Bär im vierten (von oben gezählt). Den Abschluss bildete eine »Messingkrone« auf dem Deich des mit Haselsträuchern umpflanzten Schlossteiches und ein Brunnen mit sechs Bleimasken. Die Wasserversorgung erfolgte durch die Schlossbrunnenleitung, deren Bau mit der Errichtung des Schlosses begonnen wurde. Sie führte das benötigte Wasser von der 2,6 Kilometer entfernten Quelle des Pfaffenbaches durch das Tal der Schmalkalde auf den Schlossberg.

Neben ökonomischen Aspekten war der Terrassengarten von Beginn an vor allem als repräsentative Anlage konzipiert. Die geneigten Terrassen und die trapezförmige Aufweitung zum Fuße des Gartens haben einen Perspektive steigernden Effekt. Axial nahm der Garten mit seiner Brunnenkette auf das Schloss Bezug, auch wenn er nicht direkt auf die Fassade des Baukörpers ausgerichtet war. Von unten gesehen gab er dem krönenden Schloss eine gartenkünstlerische Basis, die dem fürstlichen Repräsentationsanspruch der Zeit gerecht wurde.

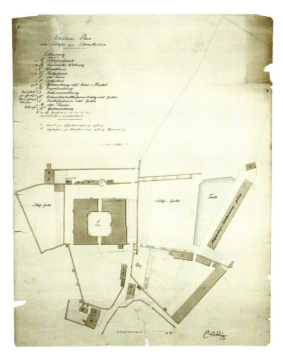

Plan von Schloss Wilhelmsburg, wohl Mitte 19. Jahrhundert (Ostseite oben)

Die geneigten Terrassen ermöglichten eine bessere Übersicht der Anlage. 1610 wurde mit der Kleinen Pfalz ein Belvedere errichtet, von dem aus der Garten optisch erschlossen werden konnte. Von hier und vom Obergeschoss des Südflügels bot sich der beste Überblick über die repräsentative Anlage. Auch wenn über die eigentliche gärtnerische Gestaltung der Terrassen nur spärliche Informationen vorhanden sind, verweisen die Abgeschlossenheit, die bauliche Trennung zum Schloss und der einzelnen Terrassen sowie die additive Angliederung des Obstgartens beziehungsweise des 1603 entstandenen, ab 1615 als Kaninchengarten genutzten, ummauerten Gartens auf dem nördlichen Schlossberghang auf zeitgenössische Gestaltungstendenzen der Renaissance, die noch weit in das 17. Jahrhundert ihre Wirkung entfalteten.

Zu einer ersten Zäsur in der Entwicklung des Gartens trugen die Auswirkungen des Dreißigjährigen Krieges bei. So wurden 1623 an einem nicht näher bestimmbaren Ort im Garten eine Schanze und Palisaden errichtet. 1626 wurden zwar die Lusthütten erneuert, ein Zaun geflickt und umgeworfene Steine im Küchengarten aufgerichtet. Die Absetzung von Landgraf Moritz 1627 und der zwischenzeitliche Übergang der Herrschaft Schmalkalden in den Besitz der Linie Hessen-Darmstadt führten aber zur weiteren Vernachlässigung des Schlossgartens. Bezeichnenderweise gab es in dieser Zeit auch keinen Gärtner. Erst unter Landgraf Wilhelm VI. wurde 1651 der Gärtner Johann Homburgk eingestellt. In seiner Bestallungsurkunde wird von »unserem verwüsteten Garten« gesprochen. Umfangreiche Instandsetzungsarbeiten und Pflanzmaßnahmen setzten ein, die nun noch mehr auf die wirtschaftliche Nutzung des Gartens abzielten.

Erst mit Hedwig Sophie, die ab 1663 die Regentschaft für ihren Sohn Karl übernommen hatte, erhielt der Garten wieder größere Aufmerksamkeit, und es kam zu wesentlichen gestalterischen Impulsen für die Entwicklung des Lustgartens. Im gleichen Jahr wurde Buchsbaum gepflanzt. Ab 1664 drängte der Physikus und spätere Bürgermeister von Schmalkalden, Dr. Gallus Wirth (1634–1682), dem die Aufsicht über die Gärten übertragen war, auf eine Erneuerung. Der umfangreich gebildete, nach Holland, Frankreich, Italien sowie in die Schweiz gereiste Wirth schlug der Fürstin vor, die Geländer und Hecken der Luststücke zu erneuern und das oberste, mit allerhand Blumenwerk und Kräutern ausgezierte »Lust- und Blumenstück« mit einer Fontäne auszustatten, wofür das noch vorhandene Material der ehemaligen vier Lustbrunnen verwendet werden könne. Der Vorschlag fand keine Zustimmung. Immerhin ist für 1665 die Pflanzung von Blumen aus den Kasseler Hofgärten belegt. Der Versuch Tabak anzubauen scheiterte, aber die Hinweise aus den Folgejahren zeigen, dass der Lustgarten wieder in Funktion gesetzt war und unterhalten wurde. 1667 bat Wirth um Blumen und Rosensamen sowie Rosenstöcke aus Kassel. Im Schlossgarten wurde eine Baumschule angelegt, deren genauer Standort unbekannt ist.

Die Bestrebungen Wirths mündeten 1672 in den Vorschlag, die oberste Terrasse mit einem Lust- und Blumenstück neu zu gestalten und mit einem »Lustgang und Gallerie« an der angrenzenden Gartenmauer zum Schloss sowie einer zentralen Fontäne auszustatten, wofür er abermals die Verwendung der noch vorhandenen alten

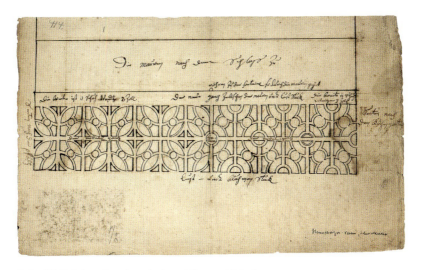

Gallus Wirth, Entwurf zu einem Lust- und Blumenstück, 1672

Brunnen empfahl. Dem Vorschlag war der einzige bis heute bekannte und erhaltene Gartendetailplan für den Terrassengarten beigegeben. Der trapezförmige Zuschnitt des Entwurfs passt genau zur Form der oberen Gartenterrasse. Aus einem Rechteckraster sind geometrische, noch von der Renaissance geprägte Parterre-Formen entwickelt, die in ihrem Zentrum die genannte Fontäne aufnehmen. Zwei unterschiedliche Gestaltungsvorschläge zu beiden Seiten der Fontäne sind jeweils aus Kreisen und Kreissegmenten konstruiert, die das Rechteckraster schneiden und in einzelne, von Wegen getrennte Beetstücke aufteilen. Ein Nachweis für die Umsetzung der Vorschläge fehlt. Allerdings wurden die für 1676 belegte Verwendung von eichenen Pfosten und Dielen im Schossgarten sowie die 1993 fotografisch dokumentierten Steine im Gründungsbereich der Mauer in der Forschung gelegentlich als Hinweis auf die Verwirklichung des von Wirth vorgeschlagenen Laubengangs angesehen.

Ein maßgeblicher Wandel in der Grundgestaltung des Terrassengartens ging mit der Errichtung der vierstufigen Wasserkunst an Stelle des ehemaligen »verborgenen Ganges« einher. Mit ihr wurde eine Architektur eingefügt, die vermutlich aus der Kombination einer Treppenanlage mit flankierenden Wasserkaskaden bestand, deren

Terrassengarten, Treppe mit früherer Wasserkunst

Reste man 2002 ergraben hat. Dadurch wurde der architektonische Schwerpunkt an den Rand der Gartenanlage verlegt. Die Wasserkunst stellt auch den gestalterischen Höhepunkt in der Geschichte des landgräflichen Lustgartens dar. Die genaue Gestaltung und Funktion sind aufgrund der spärlichen Quellen und späterer Veränderungen nicht bekannt. Belegt ist ein Teil der umfangreichen bildkünstlerischen Ausstattung und das Vorhandensein komplexer Brunnentechniken, die die Funktion sicherstellten. Landgräfin Sophie verlegte 1680 ihren Witwensitz nach Schmalkalden, seit 1677 übte Landgraf Karl die Herrschaft über die Landgrafschaft Hessen-Kassel aus. Nach Johann Conrad Geisthirts um 1723 entstandener *Historia Schmalcaldica* wurde 1682 mit dem Bau der Wasserkunst begonnen. Umfangreiche Arbeiten von Bildhauern, Steinmetzen und Kannengießern 1678/79 deuten jedoch auf einen früheren Baubeginn hin. So wurde ein vermutlich hölzerner »Seefisch« geliefert und ein Delphin farbig gefasst. Zu den bekannten Ausstattungsdetails gehörten 26 steinerne Muscheln. Erhalten haben sich zwei Obelisken am Fuße der Treppenanlage mit

Monogramm von Landgraf Karl, zwei als Wasserspeier dienende Löwen oben an der Treppe sowie im Schlossmuseum die Skulpturen zweier Delphine, einer Muschel und eines Muschelfragments.

In den Jahren danach sind regelmäßige Arbeiten an der Wasserkunst und der Wasserversorgung belegt, die auf Reparaturen hindeuten bzw. die Fertigstellung der Wasserkunst vermuten lassen. Auch wurde 1690 nach Einsturz der östlichen Stützmauer zum Obstgarten eine Reparatur der Wasserkunst notwendig. 1700 und 1701 berichten Akten im Zusammenhang mit notwendigen Reparaturen von der »alten Wasserkunst«, was auf einen Vorgängerbau beziehungsweise eine Neugestaltung der Wasserkunst hindeuten könnte. Es ist aber auch möglich, dass damit die Brunnenkette aus der Zeit von Landgraf Moritz gemeint war, deren Teile ja über Jahrzehnte aufbewahrt wurden. 1701 waren die 26 steinernen Muscheln bereits so stark verwittert, dass ein Ersatz aus Kupfer vorgeschlagen wurde, für die Pyramiden (Obelisken) waren 65 eiserne Röhren erforderlich.

Nach 1700 wandte sich Landgraf Karl gänzlich dem Ausbau von Schloss und Park Wilhelmshöhe bei Kassel zu. Erst 1716 wurde eine Reparatur der Wasserkunst genehmigt. Mit der Verpachtung von Teilflächen ab 1728 und später an hohe hessische Beamte war der Anspruch eines fürstlichen Lustgartens erloschen.

Nachdem der Schlossgarten 1743 als ungepflegt und die Wasserkunst als eingegangen beschrieben wurde, unternahm Landgraf Friedrich II. nochmals einen Anlauf zur Instandsetzung der Gartenanlage und der Wasserkunst, wobei man auch eine klassizistische Umzäunung der Beetstücke auf der obersten Terrasse erwog. Spätestens mit dem Tod Friedrichs II. begann eine rund hundertjährige Vernachlässigung des Gartens. Ein Plan des Landvermessers Michael Herrmann von 1803 zeigt erstmals den nunmehr angeböschten Terrassengarten mit Baumreihen, die an die Stelle der Stützmauern getreten waren. Die kleinteilige Plansignatur im Bereich des südlichen Schlossumgriffs deutet auf eine Verwendung als Nutzgarten hin. Erst 1875 kam es unter preußischer Herrschaft im Schlossgarten zu Sicherungsmaßnahmen an Mauern und Treppen. Zu Beginn des 20. Jahrhunderts waren sowohl der Schlossgarten, der Exerzierplatz sowie der östliche und der nördliche Schlossumgriff verpachtet und mit Nutzgärten besetzt.

Mit den Forschungen von Friedrich Laske Ende des 19. Jahrhunderts rückte auch das Interesse am Terrassengarten und an der Was-

Delphine der früheren Wasserkunst, heute im Museum Schloss Wilhelmsburg

Muschel der früheren Wasserkunst, heute im Museum Schloss Wilhelmsburg

serkunst wieder in das öffentliche Interesse. Der Teich wurde mit Trauerweiden und Pappeln bepflanzt, die Stützmauern und Schlossmauern erhielten eine Begrünung mit Efeu und im Schlosshof wurden vier Linden gepflanzt. Eine im Jahr 1911 von dem Architekten und königlichen Bausekretär Wilhelm Fitz angefertigte Rekonstruktionszeichnung der Treppenanlage prägte bis in jüngere Vergangenheit die Vorstellung von der historischen Gestalt der Anlage, wobei außer Acht gelassen wurde, dass sie in technischer Hinsicht kaum funktioniert haben konnte. Gleichwohl erfolgten in den Jahren 1910 bis 1912 Instandsetzungen an den Stufen, Wangen und Obelisken. Auch in der Folgezeit kam es wiederholt zu Arbeiten an der Wasserkunst. 1925 wurde sie wieder öffentlich zugänglich gemacht. Der von der Stadt gepachtete Schlossgarten wurde bis 1949 als Kleingärten weiterverpachtet.

1935 erfolgte auf der Südseite des Schlosses die Anlage eines Rosengartens. 1936, 1964 und 1978 kam es zu größeren Instandsetzungsmaßnahmen an der Wassertreppe. 1958 wurden in einem gutachterlichen Bericht von Gartenarchitekt Hinrich Meyer-Jungklaußen (1888–1970) umfangreiche Pläne zur Neugestaltung des Terrassengartens vorgelegt. In den 1980er Jahren wurde der Rosengarten der dreißiger Jahre in einfachen historisierenden Formen neu angelegt. Eine Neugestaltung der obersten Terrasse mit Rasenflächen und Wegesystem erfolgte 1991, nachdem in den Jahren zuvor bereits der überkommene Obstbaumbestand des Terrassengartens gerodet worden war. Im Rahmen einer 2000 bis 2005 erarbeiteten denkmalpflegerischen Zielstellung zur Wiederherstellung der historischen Gartenanlage wurden umfangreiche Archivrecherchen, gartenarchäologische Grabungen und bauhistorische Untersuchungen vorgenommen. Es stellte sich heraus, dass es bei der Treppenanlage mindestens zwölf Bau- und Reparaturphasen gab, davon allein sechs im 20. Jahrhundert. Aus ihnen resultiert die heutige Gestalt der Treppenanlage – allein Dreiviertel des Brüstungsmauerbestandes gehen darauf zurück. Historisches Aussehen und Funktion bleiben dagegen in weiten Teilen unbekannt. Bemerkenswert war das Auffinden eines älteren, aus Mauerwerk gefassten Wassergrabens, der die Treppe westlich begleitet. Er folgt den Niveaus der Terrassen und wird im Bereich der Terrassenstützmauern teils in offenen Kaskaden, teils verdeckt durch Durchlässe auf halber Mauerhöhe geführt. In einzelnen Bereichen wurden Sohlenplatten gefunden, die den spätestens seit Ende des 19. Jahrhunderts auf den Treppenwangen aufgebrachten Rinnsteinen entsprechen. Somit kann eine Zweitverwendung auf der Treppenanlage vermutet werden. Auch auf der Ostseite der Treppe konnten Hinweise auf ein der westlichen Seite entsprechendes ehemals hier vorhandenes Grabenbauwerk gefunden werden. Die beiden flankierenden Gräben gehören offensichtlich zur historischen Wasserkunst. Infolge von Störungen und Umbaumaßnahmen bleiben die genaue Form und Funktion jedoch unklar. Auch der Zusammenhang mit der ursprünglichen Treppenanlage und die Frage, ob diese in Form einer Treppenwangenkaskade ausgeprägt war, ist ungeklärt. Vor diesem Hintergrund wurde 2011/2012 die Wassertreppe in der überkommenen Form, jedoch unter Verzicht auf die aufgelegten Stufen der 1970er Jahre und die Rinnsteine auf den Treppenwangen restauriert.

Nachdem sich 2011 die Möglichkeit abzeichnete, den Wilhelmsburger Terrassengarten im Rahmen der 2015 durchgeführten Landesgartenschau in Schmalkalden wieder herzustellen, wurde die Zielstellung ergänzt. Von Ende 2013 bis Mitte 2015 erfolgten die Baumaßnahmen. Die unter Landgraf Moritz entstandene Grundstruktur als Terrassengarten wurde unter Berücksichtigung späterer Entwicklungsabschnitte wiederhergestellt. Dazu gehörte die Restaurierung der obersten Stützmauer und der Mittelaltermauer zwischen dritter und vierter Terrasse, die bis zu ihrer ursprünglichen Höhe ergänzt wurde. Die vollständig fehlenden Stützmauern der übrigen Terrassen konnten anhand der Maueransätze an den Seitenbereichen in ihrer

Höhe nachvollzogen und wiedergewonnen werden. Um die Ergänzung vom materiell erhaltenen Bestand sichtbar zu unterscheiden, wurden die Werksteine in Gabionen eingeschichtet. Auf die Wiederherstellung der Wasserkunst verzichtete man aufgrund der mangelnden Kenntnisse zu Form, Funktion und Ausstattung. Das die Treppe flankierende Kanalbauwerk wird in Form von archäologischen Sichtfenstern auf mehreren Terrassen präsentiert. Der Schlossteich am Fuße des Gartens wurde entschlammt und seiner ursprünglichen geometrischen Form wieder angenähert. Die einzelnen Gartenterrassen zeigen eine Neugestaltung, die die Gestaltungsprinzipien und das Pflanzenspektrum des 17. Jahrhunderts vermitteln.

Die Gestaltung der obersten Terrasse orientiert sich an Gallus Wirths Plan von 1672 und stellt musterartig ein Buchsbaumparterre vor. Auf den beiden mittleren Terrassen werden Zier- und Nutzpflanzen präsentiert. Dazu wurde das Rechteckraster der vorherigen Terrasse unter bewusster Auslassung einzelner Beetstücke übernommen. Die untere Terrasse macht die historisch belegte Verwendung von Obstgehölzen anschaulich und ist im Übrigen als einfache Rasenterrasse ausgeführt. In Erinnerung an die historische Brunnenkette in der Mittelachse des Gartens wurden im Zentrum der oberen drei Terrassen einfach gestaltete Brunnen platziert. Eine nach unten hin abnehmende Gestaltungsintensität vermittelt als weitere Bedeutungsebene den sukzessiven Verlust der Terrassenanlage im 18. und 19. Jahrhundert. Die Bepflanzung wurde anhand der dem historischen Plan von Wirth zugehörigen Liste von Zier- und Nutzpflanzen, die aus den Kasseler Gärten bezogen werden sollten, ausgewählt. Vereinzelt werden historische Zwiebel- und Rosensorten des 17. Jahrhunderts gezeigt, bei den übrigen wählte man im Abgleich mit historischen Pflanzenwerken wie dem *Hortus Eystettensis* von 1613 diejenigen der modernen erhältlichen Sorten, die den historischen bezüglich Farbe, Form und Höhe möglichst nahe kommen.

Der Obstgarten östlich des Terrassengartens wurde mit Rasenwegen erschlossen und wieder vollständig mit historischen Apfel- und Birnensorten aus der Zeit vor 1800 bepflanzt. Er vermittelt den besonderen Stellenwert der Nutzpflanzenkultur einer Residenz, der sich seit der Blütezeit der Gartenanlage auch für die Wilhelmsburg nachweisen lässt.

Rundgang durch die Außenanlagen und Gärten

Der Rundgang beginnt im Schlosshof. Hier sieht man auf der Südseite eine Brunnennische mit einem 1989/1990 neu geschaffenen Brunnen. Ursprünglich befand sich an dieser Stelle seit Beginn des 17. Jahrhunderts einer Quelle zufolge ein Brunnen mit männlicher Figur, aus deren Brüsten das Wasser in ein mit Wappen besetztes Brunnenbecken lief. Darüber war ein auf einem Weinfass sitzender Bacchus mit Becher und Krug aufgemalt.

Verlässt man den Schlosshof durch das prächtige Portal der östlichen Schlossdurchfahrt mit der Reliefdarstellung Landgraf Wilhelm IV., blickt man auf den mittelalterlichen »Kristallturm«, auf den das Schloss axial ausgerichtet wurde. Er ist in die hohe Zwingermauer eingebunden, die hier den östlichen Vorhof vom äußeren Zwinger trennt. Diese Bereiche kommen auch für die von Matthäus Merian 1655 erwähnte Lage einer ehemals vorhandenen Rennbahn in Frage. Der Turm ist ein Teil der Vorgängerburg Wallrab und erfüllte die Funktion eines Gefängnisturms. Seinen Namen trägt er, weil hier angeblich als erster ein Kristallseher, der behauptete aus einem Kristall die Zukunft deuten zu können, inhaftiert worden ist.

Am nördlichen Ende der Mauer liegt das kleine, 1609 errichtete Backhaus. Es wird heute als Wohnhaus genutzt. Dahinter breitet sich von Mauern eingeschlossen auf dem gesamten nördlichen Schlossberghang der sogenannte Kaninchengarten aus. 1603 angelegt, wurde er ab 1615 zur Haltung von Kaninchen genutzt und ist heute nicht zugänglich. Darstellungen in den historischen Plänen deuten darauf hin, dass er mit Obstbäumen bepflanzt war. Bis auf den Bereich an der Mauer ist er nicht terrassiert. Folgt man dem Vorhof nach rechts, gelangt man zur südlich an das Schloss angrenzenden Schlossterrasse. Wie auch in anderen Bereichen der Schlossanlage entstand hier nach Aufgabe der Residenz spätestens im 19. Jahrhundert ein Nutzgarten. In den 1930er Jahren legte man einen Rosengarten an, der in den 1980er Jahren nochmals umgestaltet wurde. Es ist gut möglich, dass auf der Terrasse ursprünglich Orangeriepflanzen aufgestellt waren. Heute bietet sich von der niedrigen Schlossgartenmauer ein Blick in den Terrassengarten. Am Ende der Terrasse befindet sich die sogenannte Kleine Pfalz von 1610, die als Gartenbelvedere eine bemerkenswerte Aussicht über den Lustgarten in die umgebende Landschaft und in Richtung Altstadt ermöglicht.

Kristallturm

Vom östlichen Ende der Schlossterrasse erreicht man durch einen Torbogen den Zwinger, an dessen Ende das ehemalige Brauhaus (heute Forstamt) steht. In späteren Plänen sind seitlich des Kristallturms mehrere Stallgebäude verzeichnet, die heute nicht mehr vorhanden sind.

Eine kleine Treppe und ein Gartentor führen durch die Schlossmauer in den 1602 durch Landgraf Moritz begründeten fürstlichen Lustgarten. Ursprünglich führte hier ein »verborgener Gang«, ein mit Obstgehölzen bepflanzter Hohlweg, den Hang hinab, der zum höheren Geländeniveau des angrenzenden Obstgartens vermittelte. Die heutige, sogenannte Wassertreppe geht auf die Zeit der Landgräfin Sophie und ihres Sohnes Landgraf Karl Ende des 17. Jahrhunderts zurück. Mit einer prächtigen, als Kombination von Treppenanlage und flankierenden Wasserkaskaden vorstellbaren Wasserkunst, deren ursprüngliche Gestalt und Funktion aber aufgrund zahlreicher Veränderungen heute nicht mehr genau nachvollziehbar ist, wurde eine neue Gartenarchitektur angelegt, die an vergleichbare Anlagen in Italien denken lässt. Über sie wurde mittels einer komplexen Brunnentechnik Wasser kunstvoll in den Schlossteich am Fuße der Anlage geleitet. Von der umfangreichen bildkünstlerischen Ausstattung der Wasserkunst – 26 steinerne Muscheln werden in den Archivalien genannt – sind die oben aufgestellten zwei Löwen und die mehrfach ersetzten Obelisken am Fuße der Treppe erhalten. Im Schlossmuseum befinden sich die Skulpturen zweier Delphine und einer vollständigen Muschel. Östlich der Treppe dienten zwei erhaltene Öffnungen wohl als Einlass für das Wasser. Westlich die Treppe begleitend wurde bei archäologischen Grabungen 2000/2001 ein offenbar zur historischen Wasserkunst gehöriges Kanalbauwerk aufgefunden, durch das Wasser teils in offenen Kaskaden, teils verdeckt durch Durchlässe auf halber Mauerhöhe nach unten geführt wurde. Es wird heute in archäologischen Sichtfenstern gezeigt.

Am Fuße der Treppe, dem Weg ein kurzes Stück geradeaus folgend, besteht die Möglichkeit den Obstgarten zu betreten, der – seit alters her als Obst- und Küchengarten genutzt – heute auf den hohen Stellenwert der Nutzgartenkultur für die fürstlichen Residenzen bei Versorgung von Hofküche oder Hofapotheke verweist. Die Leidenschaft, seltene oder außergewöhnliche Sorten zu sammeln, spielte dabei oft eine große Rolle und führte im 19. Jahrhundert zu einer Blüte der Obstkultur. Im Wilhelmsburger Obstgarten wurden in den letzten Jahren zahlreiche historische Apfel- und Birnensorten aus der Zeit vor 1800 gepflanzt, darunter die Kleine Muskatellerbirne, die rotfleischige Sommerblutbirne von 1795 oder der große Katzenkopf, eine große Koch-, Dörr- und Mostbirne aus dem 16. Jahrhundert. Unter den Äpfeln sind der fünfeckige Sternapi, Danziger Kantapfel, Edelborsdorfer, Königlicher Kurzstiel, Prinzenapfel, Roter Eiserapfel und Rheinischer Winterrambour zu nennen.

Der Weg führt weiter vom Fuße der Wassertreppe, entlang der kleinen untersten Terrassenmauer und des Schlossteichs, dessen Rundweg schöne Blicke auf den Terrassengarten mit seiner perspektivischen Wirkung und das krönende Schloss bietet. Über eine Treppe an der Westseite längs der Gartenmauer werden die einzelnen Terrassen erschlossen. Mit dem ab 1602 angelegten Lustgarten ergänzte Landgraf Moritz das Schlossgebäude standesgemäß um eine repräsentative Gartenanlage. Nachdem im 18. Jahrhundert die Mehrzahl der Terrassenmauern abgebrochen wurde, dominierten bis zur Wiederherstellung der Anlage 2013 bis 2015 Rasenböschungen den südlichen Schlossberghang.

Ziel der Neugestaltung war es, die architektonische und künstlerische Einheit der Schlossanlage mit den Gärten wiederzugewinnen und dabei die gartenkünstlerischen Gestaltungsprinzipien der Entstehungszeit angemessen zu vermitteln. Zur Wiedergewinnung der ursprünglichen Raumstruktur wurden die fehlenden Stützmauern anhand der Maueransätze an den Seitenbereichen in ihrer ehemaligen Höhe ergänzt. Um die Unterscheidung vom erhaltenen Bestand kenntlich zu machen, wurden die Werksteine in Gabionen geschichtet. Dabei orientierte man sich an den historischen Werksteinformaten und ihrer Verarbeitung. Das herausragende Gestaltungs- und Gliederungselement unter Landgraf Moritz, die wasserkünstlerische Ausstattung der Mittelachse über die Terrassen hinweg, wurde durch einfache Brunnen wieder aufgenommen.

Die eigentliche gärtnerische Neugestaltung der wiedergewonnenen Gartenterrassen nimmt Bezug auf einzelne Aspekte der Gartengeschichte. Sie wurde, ausgehend vom einzigen erhaltenen Gartenentwurf für den Lustgarten, dem 1672 von Gallus Wirth vorgelegten Plan für die erste (oberste) Gartenterrasse konzipiert. Die Pflanzenverwendung orientiert sich an der zugehörigen historischen Pflanzenliste. In einer weiteren Bedeutungsebene wird durch die abnehmende Gestaltungsintensität von der ersten (obersten) zur vierten

Blick auf Terrassengarten und Obstgarten von Westen

(untersten) Gartenterrasse auf den schrittweisen Verlust des Anspruchs eines fürstlichen Lustgartens seit dem 18. Jahrhundert hingewiesen.

So ist die unterste einfache Rasenterrasse jeweils in den Außenbereichen, die Gesamtanlage rahmend, mit alten Pflaumensorten beziehungsweise -arten der Entstehungszeit bepflanzt. Diese finden sich in lockerer Stellung auch noch auf der dritten Terrasse. Die Gestaltung steht wie der Obstgarten für die Tradition der historischen Obstkultur, darüber hinaus ist kurz nach 1600 die Bepflanzung mit Zwetschgenbäumen belegt. Gepflanzt wurden Große Grüne Reneklode, Mirabelle von Nancy, Hauszwetschge und Myrobalane.

Folgt man der westlichen Treppe weiter auf die dritte Terrasse, finden sich beiderseits des Mittelwegs einfache rechteckige Beetfelder. Hier wurde das Prinzip des Renaissance- und Frühbarockgartens mit einer Aufteilung in einfache, regelmäßig angeordnete Kompar-

Blick auf Terrassengarten und Schloss von Südosten

timente aufgegriffen, in ihrer Dimension von dem Gartenplan Gallus Wirths abgeleitet. Die Bepflanzung hat ihren Schwerpunkt in der Präsentation einer beispielhaften Nutzpflanzenauswahl aus der schon genannten Pflanzenliste. Es entsprach dem Gartenverständnis der Zeit, ganz selbstverständlich Kräuter, Gemüse und Obst in die Lustgärten zu integrieren. Unter Ausnutzung ihrer teils reizvollen Formen und Farben wird das Schöne mit dem Nützlichen verbunden. Die Auswahl seltener und wenig bekannter Sorten deutet die damalige Vielfalt an Nutzpflanzen an. Sie kann von Jahr zu Jahr variieren und reicht zum Beispiel von Tabak- und Erbsensorten, Artischocken und Kardonen über Kräuter wie Drachenkopf oder Kronenlichtnelke zu Physalis, Chilis und Spanischem Pfeffer bis zu Tomaten, Spargel sowie Stachel- und Johannisbeeren. Einige besondere Pflanzen werden in Pflanztöpfen präsentiert. An der Stützmauer werden Apfel und Wein am Spalier gezogen.

Die nächsthöhere Gartenterrasse ist den Zierpflanzen des 17. Jahrhunderts gewidmet. Die Anordnung der Beete entspricht jener der dritten Terrasse. Alle Beete wurden mit Holzbohlen eingefasst, auch die nicht bepflanzten. Letztere enthalten Kräuterrasen und verweisen damit auf die spätere Aufgabe und Verpachtung des Lustgartens. Bei einigen Pflanzen wie zum Beispiel den Rosen und Frühjahrspflanzen waren tatsächlich noch alte Sorten erhältlich. In anderen Fällen wurden solche gewählt, die den zeitgenössischen Darstellungen in historischen Pflanzenbüchern wie dem *Hortus Eystettensis* von 1613 bezüglich Farbe, Form und Höhe möglichst nahe kommen. Besondere Pflanzen werden wiederum in Töpfen als Einzelpflanzen präsentiert. Sie verweisen auf die Sammelleidenschaft der Zeit. So finden sich zum Beispiel Zwiebelpflanzen wie Tulpen, Narzissen und Kaiserkronen, historische Rosen, Sommerblumen, wie Goldlack, Levkojen, Kapuzinerkresse und Landnelken. An Stauden werden Akelei, Glockenblumen, Fingerhut, Federnelken, Rittersporn oder Pfingstrosen gezeigt. Geometrische Figuren aus Lebensbaum oder Buchsbaum erinnern an die historische Formschnittkunst, »Ars topiaria«, ein gängiges Gestaltungselement in Renaissancegärten.

Blick auf Terrassengarten und Schloss von Osten, Aufnahme vor 1900

Blick auf die zweite Gartenterrasse

Begibt man sich nun auf die oberste Gartenterrasse, präsentiert sich ein aus dem Entwurfsplan von Gallus Wirth entwickeltes Buchsbaumparterre. Wirth hatte hier 1672 ein »Lust- und Blumenstück« vorgeschlagen, dessen Ausführung ungewiss ist. Aus einem Rechteckraster sind geometrische, noch von der Renaissance geprägte Parterreformen entwickelt, die in ihrem Zentrum eine Fontäne aufnahmen. Bekannt sind ähnliche geometrische Parterremuster zum Beispiel aus Johann Peschels *Gartenordnung* von 1597 oder aus Musterentwürfen von Hans Vredemann de Vries und Joseph Furttenbach wie auch aus Darstellungen anderer Gärten des 16. und 17. Jahrhunderts. Sie unterscheiden sich deutlich von den auch damals schon bekannten Broderiemustern, die innerhalb übergreifender Ordnungssysteme zum wichtigen Gestaltungselement der barocken Parterres gehören. Zwei unterschiedliche Gestaltungsvorschläge westlich und östlich der Fontäne sind jeweils aus Kreisen und Kreissegmenten konstruiert, die das Rechteckraster schneiden und in einzelne von Wegen getrennte Beetstücke aufteilen. Als Muster für die Gestaltungsprinzipien der Zeit werden verschiedene, damals verbreitete Varianten der Gestaltung gezeigt. Während die Außenseiten der Ornamente vollflächig aus geschnittenem Buchsbaum gebildet sind, bestehen sie im Zentralbereich aus Blumen und Stauden. Die Präsentation der Pflanzen in Einzelstellung entspricht der Pflanzenverwendung der Renaissance. Aus den Vorgaben von Wirth wurde eine Auswahl an Zwiebelpflanzen und Stauden getroffen, die möglichst zu jeder Jahreszeit Pflanzen in Blüte zeigt. Der historische Entwurfsplan musste für die Neugestaltung den tatsächlichen Gegebenheiten der Terrasse angepasst werden. So wurden die Ornamente auf der West- und Ostseite erweitert. Unter den Zwiebelpflanzen – Tulpen, Narzissen, Kaiserkronen – entsprechen einige den historischen Sorten. Verschiedene weiße und blaue Glockenblumen, Pfingstrosen und blaue bis dunkelviolette Akeleien sowie Feuerlilien kennzeichnen die Pflanzung.

An ausgewählten Orten werden im Sommer in klassischen Eichenkübeln Zitronen- und Pomeranzenbäume aufgestellt, stellvertretend für den hohen Status der Orangeriekultur, der auch für die Wilhelmsburg belegt ist. Entlang der Schlossterrassenmauer verläuft ein mit Wein bepflanzter Laubengang in moderner Gestaltung. An dieser Stelle von Gallus Wirth vorgeschlagen, soll er den auf dem Südhang vermissten schattigen Aufenthalt ermöglichen. Laubengänge gehörten zur typischen Ausstattung der Gärten des 17. Jahrhunderts.

Vom Austrittspunkt der westlichen Treppe erreicht man über einen kleinen Altan unterhalb der schon vorgestellten Kleinen Pfalz durch eine Tür in der Gartenmauer die Terrasse der Großen Pfalz, die ebenfalls unter Landgraf Moritz 1610 erbaut wurde. Sie war wohl Ort für Feste im Freien und zudem Aussichtsplatz für die im unterhalb liegenden Hof vermuteten ritterlichen Turniere und Ertüchtigungsspiele, für die ein archivalisch belegtes Judizierhäuschen auf der Pfalzterrasse und 1596 angeschafftes Turniergerät wie Turnier- und Rennspiesse sprechen. An der gegenüberliegenden Seite schließt seit 1618 das Gebäude des Marstalls mit einer ehemals geöffneten Loggia im Obergeschoss, in der wohl Zuschauer Platz gefunden haben, den Hof ab (heute Amtsgericht). Hier befand sich ursprünglich der Henneberger Hof, Verwaltung der Henneberger Besitzungen während der hennebergischen und hessischen Doppelherrschaft in Schmalkalden. Der freie Platz zwischen beiden Bauten ist später auch gärtnerisch bewirtschaftet worden. Die mächtigen tonnengewölbten Räume der Pfalz wurden als Vorratsräume genutzt, auch die Überwinterung von Kübelpflanzen ist hier belegt.

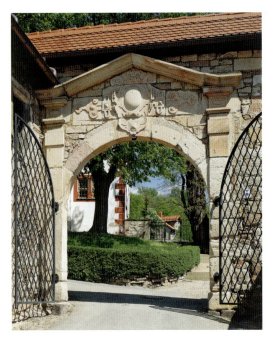

Schlosstor (stadtseitiger Zugang)

Verlässt man die Terrasse der Großen Pfalz durch die kleine Pforte in der rückseitig gelegenen Mauer, steht wenige Schritte entfernt das westliche Eingangsportal zum Schlosskomplex, das durch Pilaster, Giebel und Beschlagwerk geschmückt ist. Davor schließt linker Hand die schon sechs Jahre zuvor errichtete Kanzlei (1604) an die Große Pfalz an. Gegenüber, in die Stützmauer integriert, steht das ehemalige Torwächterhaus aus dem gleichen Jahr. Vom Eingangsportal führt die Schlossauffahrt zum westlichen Schlossportal und weiter in den Schlosshof zum Ausgangspunkt des Rundgangs. Davor breitet sich der von mächtigen Stützmauern gehaltene Exerzierplatz aus. Bei der Einebnung des Bauplatzes für das Schloss wurde 1585 von der Ostseite abgegrabenes Erdreich hier aufgeschüttet. Ursprünglich war der Platz gepflastert. Möglicherweise wurde er ebenfalls für Ritterspiele oder andere höfische Veranstaltungen genutzt. Von hier hat man eine bemerkenswerte Aussicht auf die Stadt Schmalkalden.

Kunstgeschichtliche und gartenhistorische Bedeutung von Schloss Wilhelmsburg

Als geschlossene, regelmäßig gebildete Vierflügelanlage steht Schloss Wilhelmsburg in der Tradition des Kastelltyps. Dieser wurde im mittelalterlichen Burgenbau mit kubischer Grundform und Ecktürmen geprägt und lebte vor allem aufgrund seiner fürstlich-imperialen Symbolik im frühneuzeitlichen Schlossbau wieder auf. Besonders in der Renaissance galt er als Idealform, wobei die Ecktürme gelegentlich fehlten oder nur in der Fassadengestaltung angedeutet waren. Die in Deutschland mit dem Dresdner Residenzschloss (1548–1556) einsetzende Rezeption des Kastelltyps ist von aktuellen französischen Schlossbauten wie Chambord (1519) oder Ancy-le-Franc (1546), aber auch von der Wiener Hofburg beeinflusst, deren hochmittelalterliche Kastellanlage seit den 1530er Jahren als kaiserliche Residenz neu ausgebaut wurde. Weitere frühe Beispiele für deutsche Schlossbauten in Kastellform sind das ab 1549 errichtete herzogliche Residenzschloss Jülich oder das Residenzschloss der Landgrafen von Hessen in Kassel, das aus einem grundlegenden Umbau von 1557 bis 1562 hervorging.

Das bereits von Wilhelm IV. mitgestaltete Landgrafenschloss in Kassel war als Vierflügelanlage mit Treppentürmen in den Hofecken eng am Dresdner Schloss orientiert. Ab 1571 ließ Wilhelm IV. auch in seiner Nebenresidenz Rotenburg an der Fulda einen prächtigen Geviertbau errichten. Dieser war wie Schmalkalden vollkommen regelmäßig gebildet und mit einer saalraumartigen Kapelle ausgestattet, und wie in Schmalkalden erfolgte die Eckakzentuierung lediglich durch Zwerchhäuser anstelle von Türmen. Da das Kasseler Residenzschloss gänzlich und das Schloss in Rotenburg großenteils zerstört sind, zeugt heute nur noch die Wilhelmsburg in Schmalkalden von der bedeutenden Schlossbautätigkeit Wilhelms IV.

Neben den genannten Zusammenhängen mit Dresden und Kassel stehen die Schlösser in Rotenburg und Schmalkalden in interessanten Bezügen zu zwei weiteren Geviertbauten, nämlich dem kursächsischen Jagdschloss Augustusburg bei Chemnitz (1568–1573) und dem niederadeligen Schloss Horst in Westfalen (1558–1578). So war der beim Bau der Augustusburg tätige Rochus Graf zu Lynar zur gleichen Zeit im Sold des hessischen Landgrafen und ständiger Berater für dessen Bauten; von Schloss Horst wurden indes Künstler wie der Maler Jost vom Hoff und der Bildhauer Wilhelm Vernuken an den Kasseler Hof geholt.

In mehrfacher Hinsicht innovativ war die räumliche Disposition und Innenarchitektur der Wilhelmsburg. Die vornehmlich in den Eckbereichen des Gevierts platzierten, quadratisch strukturierten Gemächer ermöglichten in der Anordnung ihrer Vorzimmer eine völlig neuartige, das barocke »appartement double« vorwegnehmende Runderschließung der Obergeschosse. Das nachträglich 1590 entstandene Landgrafengemach im Westflügel wurde seinerseits als frühbarocke Enfilade gestaltet. Besonders hervorzuheben ist auch die Schlosskapelle als einer der bedeutendsten Sakralräume der Reformationszeit. Grund- und Aufriss folgen dem sächsischen Typus der längsgerichteten Emporensaalkirche (Torgau, Dresden); Altar und Kanzel (sowie die Orgel) stehen hingegen erstmals achsensymmetrisch übereinander und bilden damit den Prototyp des sogenannten Kanzelaltars. Auch die Anordnung des Herrschaftsstands gegenüber dem liturgischen Zentrum war als Ausdruck landesherrlichen Kirchenregiments architekturgeschichtlich einflussreich. So kam es am reformationsgeschichtlich symbolträchtigen Ort Schmalkalden zur Schöpfung einer wegweisenden Raumlösung evangelischen Kirchenbaus. Eindrücklicher als in seinen politischen Handlungen jener Zeit demonstrierte Wilhelm IV. mit der Schmalkaldener Schlosskapelle den historisch begründeten Anspruch Hessens auf eine führende Rolle im Protestantismus.

Herausragende Bedeutung erhält die Wilhelmsburg schließlich durch die höchst qualitätvollen Wandmalereien und Stuckaturen der Innenräume. Neben der Schlosskapelle als einem der »schönsten Renaissanceräume Deutschlands« (Wilhelm Lübke) zählen auch die weitgehend erhaltenen Gemächer und Säle im Erd- und Obergeschoss zu den wertvollsten Zeugnissen nordalpiner Raumkunst der Zeit um 1600. Der hier vorherrschende, von den niederländischen Künstlern Cornelis Floris und Hans Vredemann de Vries geprägte Roll- und Beschlagwerkstil in Verbindung mit antikisierendem Groteskendekor war seinerzeit in ganz Nordeuropa verbreitet. Der Kasseler Hof mit seinen vornehmlich aus den Niederlanden stammenden Künstlern zählte allerdings zu den Zentren dieser Stilrichtung. Die Malereien und Stuckaturen in Schloss Wilhelmsburg zeugen in der eigenständigen Aneignung und Variierung druckgrafischer Ornamentvorlagen von höchstem künstlerischem Niveau.

Schloss Wilhelmsburg von Südwesten, Aufnahme um 1920

Eine gartenhistorische Würdigung des ab 1602 entstandenen Terrassengartens von Schloss Wilhelmsburg ist aufgrund der fragmentarischen Überlieferung nur teilweise möglich. In den Archivalien sind keine konkreten gartengeschichtlichen Vorbilder benannt, und auch ein Bau- oder Gartenkünstler ist nicht nachweisbar. Zu vermuten ist, dass der umfassend gebildete und architektonisch versierte Bauherr des Gartens, Landgraf Moritz, selbst großen Einfluss auf die Gestaltung nahm.

Die Gartenkunst der Renaissance wurde zunächst in Italien geprägt und entwickelte sich in Deutschland erst ab Mitte des 16. Jahrhunderts. Waren die Gartenanlagen der deutschen Landesfürsten anfänglich noch mit denen der Patrizier und des niederen Adels vergleichbar, so führte der Machtzuwachs der Landesherren zu einem gesteigerten Repräsentationsanspruch. Ende des 16. Jahrhunderts begann man, den kaiserlichen Gärten in Prag und Wien nachzueifern. Die Entstehung der Gartenanlage von Schloss Wilhelmsburg ab 1602 fällt in diese Zeit, in der sich erste herausragende Beispiele fürstlicher Gartenkunst entwickelt hatten. Dazu gehörten zum Beispiel der 1555 begonnene Stuttgarter Lustgarten und der neue Lustgarten zu Kassel, der ab 1568 unter Moritz' Vater, Wilhelm IV., entstanden und für seine botanische Vielfalt bekannt war. Nur wenig jünger als die Wilhelmsburger Anlage sind die Gärten zu Köthen (ab 1603), der Hofgarten in München (ab 1613) oder der berühmte Hortus Palatinus zu Heidelberg (ab 1616).

Innerhalb des Spektrums der deutschen Gartenkunst um 1600 nimmt Schmalkalden gleich in mehrfacher Hinsicht eine Sonderstellung ein. Zunächst handelt es sich um einen der ersten der – ohnehin seltenen – Terrassengärten in Deutschland. Weitere bedeutende, doch allesamt jüngere deutsche Beispiele sind etwa der Neuwerkgarten in Gottorf (ab 1637) oder die Terrassengärten von Kloster Kamp (ab 1700) und Sanssouci (ab 1744). Anregung zu seiner Terrassenschöpfung dürfte Landgraf Moritz von seiner Frankreichreise 1602, vor allem aber aus Italien erhalten haben, wo die exponierte Lage zahlreicher Villen eine große Vielfalt kunstvoller Terrassengärten hervorgebracht hatte. Während aber bei nahezu sämtlichen Vergleichsbeispielen die einzelnen Terrassen durch zentrale Rampen und Treppenanlagen verbunden sind, wird der Schmalkaldener Schlossgarten durch seitliche Treppen erschlossen. Die Mittelachse wurde stattdessen durch die Brunnenkette betont, die die Terrassen optisch verband und den gestalterischen Schwerpunkt der ursprünglichen Anlage bildete. Bemerkenswert ist zudem die Anordnung relativ schmaler Terrassen. Sie bedingt, dass die Stützmauern in ihrer Staffelung und perspektivischen Ansicht als Hauptgestaltungselement wirken. Andere Terrassengärten strebten eher nach flächiger Ausbreitung.

Im Vergleich zu den damals vorhandenen höfischen Gärten in Deutschland vereinigt der Schmalkaldener Terrassengarten traditionelle und fortschrittliche Elemente. In der Aufreihung von Einzelgärten, die durch Mauern, Laubengänge oder Galerien gegen die Umgebung, das Schlossgebäude und benachbarte Anlageteile abgegrenzt wurden, orientierte sich Landgraf Moritz noch am Gestaltungsmuster von Renaissancegärten. In der durchdachten architektonischen Gliederung als Gesamtanlage und in der Ausrichtung des Gartens auf die Schlossfassade kündigen sich dagegen bereits neuartige Gestaltungsvorstellungen an, auch wenn sie nicht mit den späteren umfassenden axialen Ordnungssystemen der barocken Gartenkunst und ihren weit in die Landschaft greifenden Bezügen vergleichbar sind. Vom hohen gestalterischen Anspruch Landgraf Moritz' zeugten nicht zuletzt der trapezförmige Grundriss und die leicht geneigten Terrassen, die dadurch eine perspektivische Verjüngung und eine besondere Tiefenwirkung erhielten. Damit verbesserte sich die Wirkung und Einsehbarkeit der Gesamtanlage – von oben wie von unten.

Von wesentlicher Bedeutung für den im Dreißigjährigen Krieg vernachlässigten Terrassengarten sind seine Wiederbelebung und gestalterische Transformation im letzten Drittel des 17. Jahrhunderts unter Landgrafenwitwe Hedwig Sophie und Landgraf Karl. Der Gestaltungsentwurf für die oberste Terrasse von Gallus Wirth aus dem Jahr 1672 entspricht einer im 17. Jahrhundert vorherrschenden Tendenz, die Gestaltungsformen der Renaissance weiterzuverwenden (vgl. beispielsweise Parterreentwürfe in Hans Vredeman de Vries' *Hortorum viridariorumque elegantes formae* von 1583 und Johann Peschels *Gartenordnung* von 1597). Das in Frankreich zu jener Zeit bereits gängige Broderieparterre, verbreitet durch Entwürfe von Jacque Boyceau (1638) sowie Claude und André Mollet (um 1650), fand hier noch keine Anwendung.

Mit der um 1678 begonnenen Wasserkunst an Stelle des vormaligen »verborgenen Ganges« wurde eine ganz neue Gartenarchitektur in die Anlage eingefügt, die nun den gestalterischen Schwerpunkt auf die östliche Seite des Gartens verlagerte. Die genaue Gestaltung und Funktion der aus Treppe und begleitenden Kanälen bestehenden Wasserkunst lässt sich zwar nicht mehr ermitteln. Die bekannten Ausstattungsdetails (Muscheln, Delphine, Löwen und Obelisken) zeugen jedoch von künstlerischer Prachtentfaltung und von einer aufwendigen Wassertechnik. Vergleichbare Kaskadenanlagen finden sich vielfältig in Italien, zum Beispiel im Garten der Villa d'Este in Tivoli. Die Catena d'Aqua der Villa Farnese in Caprarola besteht aus einer zum Teil mit Delphinfiguren besetzten Treppenwangenkaskade. Ähnlich könnte in Teilen auch die Wasserkunst der Wilhelmsburg gestaltet gewesen sein. In ihrer monumentalen Ausprägung bildet sie in Deutschland den Auftakt zahlreicher Anlagen dieses Typus.

Aufgaben und Ziele in Schloss Wilhelmsburg

Schloss Wilhelmsburg in Schmalkalden zählt heute zu den signifikantesten Beispielen für ein frühneuzeitliches Residenzschloss zwischen Renaissance und frühem Barock in Deutschland. Entgegen der heute auf den ersten Blick einheitlichen Erscheinung, ist die Anlage das Ergebnis einer längeren baulichen Periode von 1584 bis 1685 unter drei unterschiedlich sich artikulierenden Bauherrschaften. Der grundlegenden architektonischen Schöpfung unter Landgraf Wilhelm IV. von 1584 bis 1590 folgten die Vollendung und zugleich Modernisierung des Innenausbaus sowie die Ergänzung der Außenanlagen von 1602 bis 1626. Eine nicht unwesentliche Rolle spielte schließlich die Regentin und Landgrafenwitwe Hedwig Sophie, sei es bei der Gestaltung der Gärten ab 1663 oder hinsichtlich der Überformungen in der Innenausstattung bis 1685.

Heute sind die Baulichkeiten der ab 1585 errichteten Schlossanlage mit den Gärten als architektonische und künstlerische Einheit zu sehen. Diese Einheit ergibt sich schon aus der engen Verknüpfung der frei und erhaben auf der Terrasse stehenden Schlossanlage mit ihrem unmittelbaren Umgriff, dem sogenannten Exerzierplatz im Westen und den Freiplätzen vor den Fassaden im Süden, Norden und Osten. Der Umgriff findet seine Begrenzung in Ummauerungen von verschiedener Höhe. Diese oft fälschlich als Zwinger bezeichneten Bereiche des Umgriffs sind nicht Bestandteil der Befestigungsanlage, sondern gewährleisten vielmehr die bemerkenswerte Freistellung der Schlossanlage und deren Wirkung als geschlossene Vierseitanlage um den Innenhof. Die Befestigungsanlagen im eigentlichen Sinne reduzieren sich auf den verhältnismäßig kleinen Bereich der vorgelagerten Zwingeranlage zum Berg, zu der auch der sogenannte Kristallturm gehört.

Als Gartenanlagen im eigentlichen Sinne treten in Schmalkalden zwei räumlich klar definierte Bereiche auf, nämlich der Hasengarten (auch Kaninchengarten genannt) im Norden und der Lust- und Küchengarten im Süden des Schlossberges. Die gegenseitige Absonderung von Schlossanlage und Gärten versteht sich zugleich als eine individuelle Zueinanderordnung. Gerade die Aufteilung der Gesamtanlage in einzelne Kompartimente mit eigenen Schwerpunkten bildet ein wichtiges gestalterisches Element der ab 1585 entstandenen Gesamtanlage von Schloss Wilhelmsburg in Schmalkalden.

Die Aufgaben und Ziele eines denkmalpflegerisch verantwortungsbewussten Erhalts und einer darauf angepassten Nutzung lassen sich nur realisieren, wenn man sie als Umsetzung des architektonischen Anspruchs von Schloss und Garten selbst versteht. Zuerst ist daher auf den architektonischen Bestand der Schlossanlage Rücksicht zu nehmen, die sich als freistehende, erhabene Vierseitanlage über der Stadt präsentiert. Die Anlage zeigt eine deutlich axiale Ausrichtung nach Westen, einerseits durch das Hauptportal und seine Orientierung auf den vorgelagerten Exerzierplatz, andererseits auch grundrissmäßig durch die besondere Ausgestaltung des Westflügels in Tiefe und Disposition. Der Charakter der geschlossenen Vierseitanlage wird besonders deutlich in der Ausgestaltung des Innenhofes. So durch seine Zentralisierung mittels der Ecktürme und durch den ehemaligen zentralen Brunnen, durch Axialisierung mittels der Triumphpforten an den Zufahrten, durch die Geschlossenheit und annähernd quadratische Grundform des Hofes. Streng genommen wird die architektonische Gliederung in vier Trakte erst im Innenhof ablesbar, während an den Außenfassaden eine eher blockhafte Geschlossenheit vorherrscht, die nicht ohne weiteres auf die Ausbildung einzelner Trakte schließen lässt. Insbesondere an der Westfront führt der laufende Wechsel der Geschosszonen eher zu einer Verunklärung der Fassadengliederung und verstärkt den ersten Eindruck der fast würfelartigen Geschlossenheit des Gesamtbauwerks. Die Einhaltung der Fensterachsen scheint für den Architekten ebensowenig ein Ziel gewesen zu sein, wie die konsequente Einhaltung der Geschosszonen. Er empfand den Baukörper offenbar als eine vierseitige plastische Einheit in der Art eines Schreines, in dem die Räume von der Schlosskirche bis zu den Gemächern wie Fächer eines Schrankes disponiert wurden. Im Grundriss bildete hierbei das Quadrat in den Eckräumen das Grundmodul des räumlichen Rasters. Neben funktionalen Überlegungen mögen auch stilistische Komponenten für diese Gestaltung tragend gewesen sein, zumal der beauftragte Bauleiter Hans Müller von Haus aus Schreiner war. Die blockhafte Geschlossenheit verstärkte insbesondere in Verbindung mit den ehemaligen Dachgiebelaufsätzen die insgesamt plastische Wirkung nach außen, die jede architektonische Einzelgliederung übertönte.

Für die Erschließung der Räumlichkeiten ist kennzeichnend, dass es der Zeit entsprechend keine Flure gab, aber auch die sonst üblichen Laubengänge auf der Hofseite entfielen. Man wählte in Schloss

Wilhelmsburg vielmehr eine Erschließung über die sehr eigenwillige und interessante Abfolge von Vorzimmern und großen Sälen. Gerade diese vielleicht schon früh missverstandene Erschließung war im Laufe der späteren baulichen Phasen der größten Veränderung unterworfen. Der ersten großen Bauphase unter Wilhelm IV. und seinem Sohn Moritz folgte nicht einmal hundert Jahre später die ebenfalls prägende Überformung unter der Regentin Hedwig Sophie. Sie modifizierte das alte Erschließungssystem so, dass eine Runderschließung über die Vorzimmer nicht mehr vollständig möglich war, sondern nur noch abschnittsweise über die Wendeltreppen.

Dennoch kann die Epoche unter Hedwig Sophie als der entwicklungsgeschichtliche Abschluss der Entstehungsgeschichte des Schlossgebäudes bezeichnet werden. Nach ihrem Tod wurde an Architektur und Ausstattung in Schmalkalden fast nur noch reduziert. Mit dem Niedergang des höfischen Interesses ging auch der Verfall einher. Die Vollendung der baulichen Idee Wilhelms IV. kann also auf keinen festen Zeitpunkt fixiert werden, schon weil nicht die bauliche Vollendung der leeren Architektur allein, sondern erst die nutzungsbezogene Ausstattung unter seinem Sohn Moritz sich als hinreichende Vollendung des architektonischen Konzeptes Wilhelms IV. darstellt. Hedwig Sophie kommt das Verdienst zu, die Anlage frühbarock überformt und dekoriert sowie nochmals zu neuem höfischen Leben erweckt zu haben. Sie hat vor allen Dingen im Gartenbereich mit der Bespielung der Terrassen und der Einrichtung der Wasserkunst einen abschließenden Akzent gesetzt. Auf ihre Initiative geht auch die Neugestaltung des Tafelgemaches zurück, das damals als sogenannter Blauer Saal die Funktion eines Audienzsaales erhielt.

Die Präsentation der Architektur des Schlosses Wilhelmsburg durch eine angemessene museale und kulturelle Nutzung hat auf alle prägenden Gestaltungsphasen, von Wilhelm IV. bis Hedwig Sophie von Brandenburg, Rücksicht zu nehmen. Um die Erfahrbarkeit der prägenden Bauphasen zu gewährleisten, stellt sich an die museale Präsentation im Rahmen des Rundgangs die Notwendigkeit einer weitgehenden Rücksichtnahme auf den außergewöhnlichen Anspruch der Architektur. Letztlich gilt es dabei auch hinzunehmen, dass das Schloss mit diesem architektonischen Anspruch keine idealen Voraussetzungen im Sinne eines Museumsrundganges nach didaktischen Vorstellungen bieten kann.

Aber auch die zwanghafte Rekonstruktion einer bestimmten architektonischen Zeitstellung wäre im Sinne einer Tradierung des Denkmals als Ganzes nicht vertretbar. Die Zielstellung im Sinne der Präsentation muss daher die Selbstdarstellung des architektonischen Kunstwerkes mit all seinen Brüchen, Entwicklungen und Veränderungen selbst sein. Jede museale Ausstattung, architektonische Erläuterung oder didaktische Führungslinie kann dabei nur ergänzenden Charakter besitzen und wird sich immer in den architektonischen Bestand einfügen müssen.

Alle denkmalpflegerische Arbeit, ganz gleich ob sie nun mehr auf eine Konservierung oder mehr auf eine Restaurierung im Sinne von Freilegung ausgerichtet sein wird, muss sich am möglichst umfassenden Erhalt des Bestandes orientieren. Im Sinne einer umfassenden Tradierung werden auch in Zukunft Lückenschließungen und ergänzende Freilegungen von historischer Substanz zu diskutieren sein. Hierbei wird dann weniger die älteste prägende Bauphase unter Wilhelm IV. den Maßstab bilden können, die das heutige Erscheinungsbild im Wesentlichen bestimmt, als vielmehr die historisch wertvolle Überformung, die sich als Spiegel der historischen Entwicklung erweist.

Dass es unverantwortlich wäre, die frühbarocke Nutzungsphase an Schloss Wilhelmsburg auszuradieren, kann insbesondere im Gartenbereich nachvollzogen werden. Eine wichtige Ausstattung des Lust- und Küchengartens bildet die sogenannte Wasserkunst, die ihre endgültige Gestaltung erst in der jüngeren Nutzungs- und Gestaltungsphase von Schloss Wilhelmsburg fand. Für die Wiederherstellungsmaßnahmen 2013 bis 2015 an der Terrassenanlage musste daher diese jüngere Zeitstellung der Gartenanlage maßgeblich sein. Einen Schwerpunkt bildete dabei auch die Konservierung der erhaltenen Teile der sogenannten Wasserkunst als ehemals wichtigem Gestaltungselement.

Zeittafel

874	Erste urkundliche Erwähnung Schmalkaldens
1247	Graf Herrmann I. von Henneberg-Coburg erhält Schmalkalden mit der Burg Wallrab als Abfindung aus dem mütterlichen Erbe an der Landgrafschaft Thüringen
1312/1316	Verkauf von Schmalkalden an Berthold VII. von Henneberg-Schleusingen; Gründung des Kollegiatstifts St. Egidius und St. Erhard (1320) und umfassende Erneuerung der romanischen Burganlage
1360	Die Herrschaft Schmalkalden, zwischenzeitlich in Besitz der jüngeren Linie Henneberg-Coburg, wird je zur Hälfte an Henneberg-Schleusingen und Hessen verkauft
1525	Landgraf Philipp setzt – bereits ein Jahr vor der Reformation im hessischen Stammland – in Schmalkalden den ersten evangelischen Pfarrer ein
1531	Gründung des Schmalkaldischen Bundes als Verteidigungsbündnis der protestantischen Fürsten und Städte unter Führung von Kursachen und Hessen
1543	Reformation in der Grafschaft Henneberg-Schleusingen
1583	Tod des Fürstgrafen Georg Ernst von Henneberg-Schleusingen; Schmalkalden fällt ganz an Hessen-Kassel
1584	Planung eines Schlossneubaus an der Stelle der Burganlage; Beginn der Abbrucharbeiten an Burg und Kollegiatstift
1585	Grundsteinlegung zum Bau von Schloss Wilhelmsburg
1590	Einweihung der Schlosskapelle und weitgehende Fertigstellung von Schloss Wilhelmsburg
1592	Tod des Landgrafen Wilhelm IV.; die Nachfolge tritt sein Sohn Moritz an
1602	Beginn der Errichtung des Terrassengartens
1604	Bau der Kanzlei
1609–1626	Renovierung und Veränderung einzelner Schlossräume
1610	Errichtung von Großer und Kleiner Pfalz
1618	Bau des Marstalls
1626	Schmalkalden fällt unter die Pfandherrschaft von Hessen-Darmstadt (bis 1646)
1663–1730	Unter Landgrafenwitwe Hedwig Sophie von Brandenburg (residiert in Schmalkalden 1680–1683) und in der Folge unter ihrem Sohn Landgraf Karl erfolgen kleinere Eingriffe im

	Schlossgebäude sowie (ab ca. 1677) eine grundlegende Erneuerung des Terrassengartens. Seit ca. 1700 nachlassendes Interesse an der Schlossanlage; ab 1728 Verpachtung von Teilen der Außenanlagen
1762–1791	Umfangreiche Erhaltungsmaßnahmen an Schloss Wilhelmsburg, unter anderem konservierende Restaurierung der Wandmalereien im Wilhelmsgemach (1769)
1803	Infolge des Reichsdeputationshauptschlusses wird Hessen-Kassel unter Landgraf Wilhelm IX. zum »Kurfürstentum Hessen«
1807–1813	Kurhessen ist Teil des Königreichs Westfalen. Am 24.1.1808 erfolgt die Huldigung an König Jérôme Bonaparte im Festsaal der Wilhelmsburg; Beseitigung der hessischen Herrschaftszeichen. Verkauf von Schlossmobiliar und geplante Veräußerung der Schlossanlage
1813–1815	Während der Befreiungskriege dient das Schloss als Kriegslazarett
1819	Versteigerung bzw. Vernichtung des restlichen Schlossinventars
1820	Umbau des schadhaften Dachgeschosses (bis 1823) und Einrichtung eines Behördensitzes
1866	Schmalkalden wird – mit der Annexion Kurhessens – preußisch
1877	Beginn der denkmalpflegerischen Bauaufnahme durch Friedrich Laske
1878	Gründung des Museums Schloss Wilhelmsburg durch den Verein für Hennebergische Geschichte und Landeskunde, Beginn der Instandsetzung einzelner Schlossräume
1911	Schloss Wilhelmsburg wird unter Denkmalschutz gestellt
1927–1940	Restaurierung (Teilrekonstruktion) der Wandmalereien im Tafelzimmer (1927), im Festsaal (1929) und weiteren Räumen im sogenannten »Galerieton«
1945	Schmalkalden wird Teil des Landes Thüringen; das Schlossmuseum wird in Staatseigentum überführt
1954–1956	Restaurierung der Hofstube, des Tafelzimmers und des Weißen Saals
1963	Beginn der kontinuierlichen Instandsetzung des Schlosskomplexes
1994	Übertragung der Liegenschaft an die Stiftung Thüringer Schlösser und Gärten

1995–2000 Instandsetzung der Großen Pfalz
1996–2002 Restaurierung der Schlossportale
2004 Beginn der Dachsanierung (einschließlich der Säle und weiterer Räume im Obergeschoss)
2011–2012 Sanierung der Treppe mit früherer Wasserkunst im Terrassengarten
2013–2015 Wiederherstellung des Terrassengartens

Regententafel

Die Grafen von Henneberg in Schmalkalden

Hermann I. von Henneberg-Coburg (1245–1290), Sohn von Poppo VII. von Henneberg und Jutta von Thüringen

Poppo VIII. von Henneberg-Coburg (1290–1291)

Jutta von Henneberg-Coburg (Schwester Poppo VIII.) ∞ Otto Markgraf von Brandenburg (1291–1298)

Hermann Markgraf von Brandenburg, Graf von Henneberg-Coburg (1299–1308)

Johann Markgraf von Brandenburg, Graf von Henneberg-Coburg (1308–1317)

Berthold VII. von Henneberg-Schleusingen (1284–1340), wird 1310 in den Fürstenstand erhoben, erwirbt 1311–1316 die Grafschaft Henneberg-Coburg mit Schmalkalden

Heinrich VIII. von Henneberg-Coburg (neue Linie) (1340–1347) ∞ Jutta von Brandenburg

Jutta von Brandenburg, verw. Gräfin von Henneberg-Coburg (1347–1353)

Sophie von Henneberg-Coburg (1353–1372), Tochter von Heinrich VIII., ∞ Albrecht Burggraf von Nürnberg, verkauft 1360 Schmalkalden an Henneberg-Schleusingen und Hessen gemeinschaftlich

Elisabeth von Leuchtenberg (gest. 1361), verw. Gräfin von Henneberg-Schleusingen, kauft als Vormund ihrer Söhne 1360 den halben Anteil an Schmalkalden

Heinrich X. von Henneberg-Schleusingen (1359–1405)

Wilhelm I. von Henneberg-Schleusingen (1405–1426)

Wilhelm II. von Henneberg-Schleusingen (1426–1444)

Wilhelm III. von Henneberg-Schleusingen (1444–1480)

Wilhelm IV. von Henneberg-Schleusingen (1480–1559)

Georg Ernst von Henneberg-Schleusingen (1559–1583), letzter Vertreter seiner Dynastie

Die Landgrafen und Kurfürsten von Hessen in Schmalkalden

Heinrich II. von Hessen (1328–1377) kauft 1360 den halben Anteil an Schmalkalden

Hermann von Hessen (1377–1413, Mitregent seit 1367)

Ludwig II. von Hessen (1413–1458)

Ludwig III. von Hessen-Kassel (alte Linie) (1458–1471)

Wilhelm I. von Hessen (1471–1493, gest. 1515)

Wilhelm II. von Hessen (1493–1509)

Philipp (der Großmütige) von Hessen (1509–1567)

Wilhelm IV. (der Weise) von Hessen-Kassel (1567–1592) erbt 1583 den größeren Teil des hennebergischen Besitzes an Schmalkalden

Moritz (der Gelehrte) von Hessen-Kassel (1592–1627)

Wilhelm V. von Hessen-Kassel (1627–1637)

Wilhelm VI. von Hessen-Kassel (1637–1663), ∞ Hedwig Sophie von Brandenburg (1663–1677 Vormundschaftsregierung für ihre Söhne Wilhelm VII. und Karl)

Wilhelm VII. von Hessen-Kassel (1663–1670)

Karl von Hessen-Kassel (1670–1730)

Friedrich I. von Hessen Kassel (1730–1751), seit 1720 König von Schweden

Wilhelm VIII. von Hessen-Kassel (1751–1760)

Friedrich II. von Hessen-Kassel (1760–1785)

Wilhelm IX. von Hessen-Kassel (1785–1821, seit 1803 Kurfürst Wilhelm I. von Hessen, 1807–1813 im Exil)

Wilhelm II. Kurfürst von Hessen (1821–1847)

Friedrich Wilhelm Kurfürst von Hessen (1847–1866), 1866 abgesetzt, Land von Preußen annektiert

Weiterführende Literatur

Lübke, Wilhelm: Geschichte der deutschen Renaissance, 2 Bde., Stuttgart 1873.

Geisthirt, Johann Conrad: Historia Schmalcaldica oder Historische Beschreibung der Herrschaft Schmalkalden [1723], in: Zeitschrift des Vereins für Hennebergische Geschichte und Landeskunde, Supplementband 1–6, 1881–1889.

Gerland, Otto: Die innere Einrichtung eines Fürstenschlosses im 16. Jahrhundert, in: Zeitschrift des Vereins für Hennebergische Geschichte und Landeskunde, H. 10, 1891, S. 1–11.

Laske, Friedrich: Schloß Wilhelmsburg bei Schmalkalden, unter Beigabe geschichtlicher Forschungen von Otto Gerland, Dresden o. J. [1895].

Gerland, Otto: Die ehemalige Burg Wallrab über Schmalkalden, in: Hessenland. Zeitschrift für hessische Geschichte und Literatur, Bd. 11, 1897, S. 110–123.

Die Bau- und Kunstdenkmäler im Regierungsbezirk Cassel, Bd 5: Kreis Herrschaft Schmalkalden, bearb. von Paul Weber, Marburg 1913, S. 216–218.

Zießler, Rudolf: Schloß Wilhelmsburg in Schmalkalden, in: Denkmale in Thüringen, Weimar 1973, S. 270–288.

Handy, Peter: Schloß Wilhelmsburg Schmalkalden, Schmalkalden 1977.

Großmann, Dieter: Die Bedeutung der Schloßkapellen für den protestantischen Kirchenbau, in: Renaissance in Nord-Mitteleuropa I (Schriften des Weserrenaissance-Museums Schloß Brake, Bd. 4), hg. von G. Ulrich Großmann, München/Berlin 1990, S. 127–147.

Handy, Peter: Die Wandmalereien des Schlosses Wilhelmsburg. Betrachtungen zum Werk Georg Cornets, in: Zeitschrift für Hessische Geschichte und Landeskunde, Bd. 95, 1990, S. 77–86.

Kümmel, Birgit: Der Ikonoklast als Kunstliebhaber. Studien zu Landgraf Moritz von Hessen-Kassel (Materialien zur Kunst- und Kulturgeschichte in Nord- und Westdeutschland, Bd. 23), Marburg 1996.

Gobelins für den Weißen Saal im Schloß Wilhelmsburg Schmalkalden. Texte zur Entstehung und Installation, zusammengestellt von Dagmar Varady-Prinich (Arbeitshefte des Thüringischen Landesamtes für Denkmalpflege, 3/1996), Bad Homburg/Leipzig 1996.

Stephan, Hans-Georg: Die Renaissanceöfen im landgräflich hessischen Schloß Wilhelmsburg, in: Zeitschrift des Vereins für hessische Geschichte und Landeskunde, Bd. 102, 1997, S. 25–88.

Schloß Wilhelmsburg in Schmalkalden. Amtlicher Führer, bearb. von Dieter Eckardt, Helmut-Eberhard Paulus, Willi Stubenvoll und Günther Thimm, 1. Aufl., München/Berlin 1999.

Eckardt, Dieter; Narr, Claudia; Dittmar, Petra: Aufbruch in die neue Zeit. Museum Schloss Wilhelmsburg Schmalkalden, Ein Führer durch die ständige Ausstellung, Schmalkalden 1999.

Schmidt, Michael: Neue Forschungen zur Architektur und Ausstattung von Schloss Wilhelmsburg, in: Jahrbuch der Stiftung Thüringer Schlösser und Gärten, Bd. 3, Rudolstadt 2000, S. 60–87.

Paulus, Helmut Eberhard: Raumdisposition als Determinante denkmalpflegerischer Aufgaben und Ziele. Ergänzungen zum Amtlichen Führer Schloss Wilhelmsburg in Schmalkalden, in: Jahrbuch der Stiftung Thüringer Schlösser und Gärten, Bd. 3, Rudolstadt 2000, S. 88–94.

Scholz, Jürgen: Zum Wandel der Auffassungen in der Restaurierung von Raumdekorationen, Das Beispiel Wilhelmsburg in Schmalkalden, in: Jahrbuch der Stiftung Thüringer Schlösser und Gärten, Bd. 5, Rudolstadt 2002, S. 113–124.

Haupt, Hartmut: Die Orgel in der Schlosskapelle Wilhelmsburg Schmalkalden (Schnell, Kleine Kunstführer, Nr. 2451), Regensburg 2002.

Wiegel, Helmut: Zur Voruntersuchung der Gartenterrassen und der Wasserkunst von Schloss Wilhelmsburg in Schmalkalden, in: Jahrbuch der Stiftung Thüringer Schlösser und Gärten, Bd. 6, Rudolstadt 2003, S. 60–65.

Schmidt, Michael: Der Schlossgarten von Schloss Wilhelmsburg in Schmalkalden, in: Paradiese der Gartenkunst in Thüringen. Historische Gartenanlagen der Stiftung Thüringer Schlösser und Gärten, hg. von Helmut-Eberhard Paulus (Große Kunstführer der Stiftung Thüringer Schlösser und Gärten, Bd. 1), Regensburg 2003, S. 139–159.

Müller, Martin: Wilhelm Vernucken, in: Die Baumeister der »Deutschen Renaissance«. Ein Mythos der Kunstgeschichte, hg. von Arnold Bartetzky, Beucha 2004, S. 111–142

Müller, Matthias: Das Schloss als Bild des Fürsten. Herrschaftliche Metaphorik in der Residenzarchitektur des Alten Reichs (1470–1618), Göttingen 2004.

Schmidt, Michael: Juwel der Renaissance. Schloss Wilhelmsburg in Schmalkalden, in: Neu entdeckt. Thüringen – Land der Residenzen, Katalog zur 2. Thüringer Landesausstellung, Schloss Sondershausen 2004, 2 Bde. und Essayband, Mainz 2004, hier: Bd. 1, S. 388–392.

Ellwardt, Kathrin: »Weiße Arbeit« für den herrschaftlichen Kirchgang. Die Stuckdekorationen im Weißen Saal und in der Schlosskapelle der Wilhelmsburg in Schmalkalden, in: Herrschaft – Architektur – Raum. Festschrift für Ulrich Schütte zum 60. Geburtstag (Schriften zur Residenzkultur, Bd. 4), Berlin 2008, S. 32–47.

Großmann, G. Ulrich: Renaissanceschlösser in Hessen. Architektur zwischen Reformation und Dreißigjährigem Krieg, Regensburg 2010.

Wilhelmsgemach, Zimmer des Landgrafen, Blick ins Empfangszimmer